소셜미디어의 이용동기, 사회적 압력, 성격강점이 이용자 몰입과 행복에 미치는 영향

배지우 지음

| 저자소개 |

배지우

서울대학교 심리학과와 동대학원을 졸업하고 서울과학종합대학원에서 경영학 박사학위를 취득하였다. IT 분야의 벤처 기업들을 설립하여 운영한 바 있다. 현재는 여러 종류의 스타트업을 만들어 내는 company building company인 Snowhite, LLC를 운영하고 있다. 주로 인공지능에 기반한 지식, 경제, 문화 컨텐츠 개발에 관심을 기울이고 있으며 인공지능형 로봇 엔진 개발에도 힘쓰고 있다.

본 도서는 서울과학종합대학원대학교 박사학위논문을 바탕으로 재편집된 것입니다.

■ 들어가는 글

본 책에서 다룬 연구는 현재 우리 삶의 주요 환경적 요소로 작용하고 있는 소셜미디어와 관련하여 여러 현상과 문제점들을 기술하고 소셜미디어가 우리 삶에 긍정적으로 기여하기 위한 심리적, 사회적 조건들을 알아내는데 목적을 두었다. 구체적인 연구의 내용은 다음과 같다.

첫 번째 연구는 소셜미디어의 이용동기가 이용자 몰입(flow) 및 행복 경험과 어떠한 관련성을 갖는지 그리고 동기와 행복 간의 관계에서 몰입 요인이 매개 역할을 하는지 조사하였다. 이용동기는 소셜미디어를 이용하는 근원적 욕구 차원에 따라 사회적 동기, 기능적 동기, 유희적 동기의 세 가지 하위유형으로 구별하였고 이들 각각의 동기들이 이용자가 경험하는 몰입과 행복 간의 관계에 있어 차별성이 있는지 확인하였다. 이용자 동기 중 사회적 동기와 유희적 동기는 몰입 및 행복과 각각 유의미하게 정적인 관계를 보였으며 몰입이 동기와 행복 간의 관계를 매개하였다. 기능적 동기는 몰입 및 행복과 유의미한 관계를 보이지 않았다. 이러한 결과는 소셜미디어에 대한 이용동기의 성격이 자발성과 자기목적성을 충분히 담보하였을 때 이용자는 몰입과 행복을 체험하며, 몰입의 매개효과로 인하여 이용자가 경험하는 행복의 정도가 보다 확대될 수 있음을 시사한다.

두 번째 연구는 소셜미디어에 대한 이용자 동기가 이용자 몰입에 미치는 영향에 있어 소셜미디어와 관련된 사회적 압력이 양자의 관계에서 어떠한 기능을 하는지 살펴보기 위하여 수행되었다. 이를 위해 소셜미디어 이용자 동기 차원은 첫 번째 연구에서와 같이 각각 사회적 동기, 기능적 동기, 유희적 동기로 구분하고, 사회적 압력은 동조압력과 정보소외압력으로 구분하였다. 본 연구의 결과를 정리하면 다음과 같다. 첫째, 소셜미디어에 대한 이용자의 사회적 동기와 유희적 동기는 소셜미디어에 대한 이용자 몰입에 정적으로 유의미한 영향을 주는 것으로 나타났다. 둘째, 동조압력은 사회적 동기와 몰입 간의 관계에서 조절효과를 나타냈다. 셋째, 정보소외압력은 기능적 동기와 몰입 간의 관계에서 조절효과를 나타냈다. 본 책은 소셜미디어에 대한 이용과 몰입 현상에서 사회적 압력이 작용하는 방식에 대한 실증적 자료를 제시하였다는 점에서 의의가 있다. 그러나 소셜미디어와 관련된 사회적 압력에 대한 보다 세분화된 요인을 탐색하고 이들이 이용자 몰입에 미치는 영향에 대한 다각적인 연구가 진행될 필요성이 제기된다.

세 번째 연구는 소셜미디어 이용자들의 성격강점이 그 특성에 따라 소셜미디어 이용자 동기와 몰입, 행복간에 어떤 영향을 미치는지 알아보고자 하였다. 성격강점은 인간의 발전과 번영을 가능하게 하고 좋은 삶을 향유하는데 도움을 주는 긍정적 소양을 가리킨다. 성격강점 중 '관계적 강점'은 소셜미디어 이용자 동기 중 사회적 동기와 정적으로 관련되었으며 사회적 동기와 이용자 몰입을 통하여 이용자 행복에 영향을 미쳤다. 성격강점 중 '지적 강점'은 소셜미디어 이용자 동기 중 기능적 동기와 정적으로 관련되었으며 기능적 동기와 이용자 몰입을 통하여 이용자 행복에 영향을 미쳤다. 성격강점 중 '절제적 강점'은 부적 관계성을 예측하였던 가설과 달리, 소셜미디어의 유희적 동기와 정적으로 관련되었고, 이용자 행복에 직접 영향을 미치는 것으로 드러났다. 본 연구는 소셜미디어 이용행동과 이용자 행복의 관계성을 탐구한 기존 연구들이 이용자 자체의 변수를 간과했다는 한계를 극복했다는 점에서 의의가 있다. 즉 개인의 내면에 존재하는 주요 성격특질로서의 성격강점이 소셜미디어 활동의 성과에 있어서도 이용동기와 몰입을 통하여 행복에 영향을 주는 선행적 요인이 될 수 있음을 확인했다.

목 차

Chapter 01 서론

1. 연구의 배경

최근 20여 년간 소셜미디어(social media)는 우리 생활에 광범위한 영향을 미치고 있으며 다양한 사회적 변화를 가져왔다. 소셜미디어의 영향은 개인의 사회적 활동 양식, 조직과 집단의 소통 방식, 기업 활동과 업무의 영역, 언론 및 미디어 산업의 구조, 새로운 파생 산업의 등장, 그리고 이로 인해 변화하는 개인 사생활의 실존적 양상 등 사회 전방위적으로 존재한다.

소셜미디어에 대하여 연구자마다 다양한 정의가 존재하지만, 대체로 '이용자가 온라인 관계망을 통해서 자발적으로 참여하여 정보와 지식을 생산, 공유, 소비하도록 하는 서비스'라는 공통적 요소를 포함하고 있다. 현대적 소셜미디어는 개인 신상정보의 공개, 관계망의 구축과 공개, 의견이나 정보의 게시, 모바일 지원 등의 특성을 가지고 있으며 현재 인터넷 서비스의 주류로 대두되고 있는데, 이는 특정 국가나 사회에 국한된 것이 아니라 전 지구적 현상으로 볼 수 있다(이재현, 2013; Standage, 2015).

이는 전세계적으로 소셜미디어의 사용량과 몰입의 정도가 점점 심화되고 있음을 의미한다. 소셜미디어 이용 인구의 증가는 물론, 이용 연령층도 넓어지고 있으며 이용시간도 대폭 증가하고 있는 추세이다(Nielsen Reprot, 2012). 소셜미디어의 대표적 종류인 SNS를 기준으로 조사한 결과, 전세계 SNS 사용 인구는 2013년 기준, 16억명을 초과하였고 우리나라의 경우 전체 인구의 54.4%에 달한다(중앙일보, 2013년 11월 21일자[1]).

이와 같이 일상화된 소셜미디어의 이용은 개인 간, 개인과 집단 간의 소통을 촉진시키고 빠른 정보 교환과 연대감을 고양시킨다는 견해도 있지만(김남이, 이수범, 2011), 개인의 실제 현실에서의 소외와 고립을 오히려 증가시킨다는 관점도 존재한다(금희조, 2011). 나아가 소셜미디어에의 지나친 잠식은 각종 피로감과 정신병, 망상, 중독 현상을 유발할 수 있다는 보고도 있다(김명수, 이동주, 2012; 이상호, 2014; 조성현, 서경현, 2013; Nitzan, Shoshan, Lev-Ran, & Fennig, 2011; Rosen, Whaling, Rab, Carrier & Cheever 2013).

소셜미디어 이용의 폭발적 확산 및 의존의 심화 현상은 현재 소셜미디어가 단순히 정보통신 서비스 상품의 일종으로써 객체화된 대상이라기보다는 개인에게 '사회적 연결성'을 확보하도록 허용하는 긴밀한 생활 장치이자 구조적 환경으로 기능하고 있음을 의미한다. 개인은 특정 소셜미디어망에 참여함으로써 대외적 교류를 위해 필요한 정보를 습득하고 사회적 신호를 주고받으면서 조직원으로서 원활한 기능을 수행할 수 있게 되는 것이다(배지우, 박정열, 2015).

이와 같이 우리 삶에 침투한 소셜미디어의 압도적 영향력을 목도하면서 과연 이들 소셜미디어의 범람이 우리 개개인의 삶의 질을 위하여 어떤 역할을 하고 있는지 의문을 갖지 않을 수 없다. 소셜미디어는 과연 우리 삶의 질을 향상시키는데 긍정적인 기능을 하고 있는지, 만약 그렇다면 구체적으로 어떠한 개인적, 사회적 요인과 메커니즘이 작용하는지에 대해서는 아직 이론정립이나 실증적 자료가 매우 한정된 상태이다.

또한 소셜미디어의 파급력은 개인에게 가해지는 사회적 압력에 기인했을 가능성이 매우 크다. 사회적 압력은 관계망 구축, 정보추구, 유희와 오락성을 얻고자 하는 개인적 동기 못지않게 한 개인이 특정 소셜미디어에 접근하고 잔류하지 않

1) 보다 최근 자료로서 한국인터넷진흥원(KISA)의 '2015 모바일 인터넷 이용실태 조사'에 따르면 모바일 SNS 이용률은 전년도 67.8%에서 80.9%로 급등했으며, 10대는 86.5%, 20대는 94.8%, 30대는 88.6%, 40대는 74.7%, 50대는 60.5% 로 나타났다(중앙일보, 2015년 11월 23일자).

을 수 없도록 만드는 포괄적이고 강력한 환경 요인(pushing factor)이다. 그러나 그 중요성과 견주어 볼 때, 관련된 사회적 요인에 대한 연구는 극히 빈약하다고 할 수 있다.

본 연구는 개인의 소셜미디어 이용이 어떤 개인적, 사회적 조건과 결합 작용하여 긍정적 몰입이나 행복의 증진과 같은 삶의 심리적, 사회적 이익에 기여할 수 있는지 살펴보고자 한다.

2. 연구의 목적

본 연구의 목적은 우리 생활의 주요 환경이며 수단이 되고 있는 소셜미디어가 어떤 조건과 메커니즘을 통하여 이용자의 삶의 만족과 행복에 기여하는지를 탐색하고 평가하기 위한 것이다.

첫째, 소셜미디어에 대한 이용자의 이용동기는 이용자 몰입과 행복에 있어 어떤 역할을 하는가? 또한 각 이용동기의 성격에 따라 몰입과 행복에 미치는 영향이 차별적인가?

현재까지의 선행연구들은 소셜미디어의 이용동기가 이용자 경험에 미치는 영향을 연구할 때 주로 개별적인 동기들을 변수로 사용하였다. 본 연구에서는 다수의 개별적 동기들을 성격에 따라 사회적 동기, 기능적 동기, 유희적 동기로 차원화하여 각 차원에 따라 이용자 행복에 어떤 차별적 효과를 생성하는지 알아보려고 한다. 또한 이용동기와 행복간의 관계를 이용자 몰입 요인이 매개하는지 확인하고자 한다.

둘째, 소셜미디어 이용과 관련하여 이용자가 지각하는 사회적 압력은 이용자의 몰입과 같은 주관적 체험에 어떤 영향을 미치는가? 또한 사회적 압력의 유형에 따라 차별적 특성을 보이는가?

소셜미디어의 이용행동과 그 과정 및 결과로써의 이용자 경험 간의 관계에서 작동하는 사회적 요인의 역할에 대해 선행연구에서 그 가능성을 시사하여 왔지만 실증적으로 측정한 연구는 매우 부족한 실정이다. 본 연구는 소셜미디어 현상에 내재한 중요 요인으로서 사회적 압력 요인을 상정하고 이에 대한 자료를 체계적으로 수집, 분석하고자 한다.

셋째, 소셜미디어 이용자 개인의 성격강점과 같은 특질이 소셜미디어이용자 경험 변수들과의 관계에 어떤 영향을 미치는가?

기존 소셜미디어 이용행동과 만족간의 관계에 대한 선행연구들의 결과가 수렴되지 않는 중요한 이유 중 하나는 이용자 개인 변수를 간과했다는 점이다. 본 연구는 이용자 개인의 특질로서의 성격강점 요인, 그리고 이것이 소셜미디어 이용동기와 몰입, 행복 간의 관계에 있어 어떤 영향을 미치는지 조사하고자 한다.

3. 연구설계

우선 소셜미디어와 관련된 국내외 논문과 서적, 뉴스 기사 등을 참고하여 기존 문헌에 대한 자료 수집 및 정리를 하였다. 소셜미디어 이용과 관련, 개인의 심리적 요인 및 삶의 질과의 관계성에 대하여 과학적으로 검증된 방식의 연구결과는 제한적이다. 때문에 누적된 선행연구들을 분석, 평가하여 이론적으로 정비하고 새로운 관점을 찾아내려는 메타분석적 연구 보다는 소셜미디어와 관련된 과학적, 경험적 자료를 수집하여 가설을 검증하는 실증적 연구가 보다 필요하다는 판단 하에 세 편의 실증연구를 수행하고자 계획하였다.

첫 번째 연구에서는 소셜미디어 이용자들을 대상으로 이용동기와 몰입, 이용과정에서 경험하는 행복감을 측정하여 이 변수들 간의 관계성을 실증적으로 알아보았다. 또한 이용동기의 하위차원들이 행복과 어떻게 관련되는지, 그리고 그 과정에서 이용자 몰입의 효과가 어떻게 작용하는지를 조사하였다. 이와 더불어 소셜미디어 이용자 특성과 관련된 제반 속성들, 예컨대 성별이나 이용기간, 이용시간의 양, 이용빈도, 이용자의 사회-경제적 현황 등이 이용자 몰입이나 행복 경험에도 영향을 미치는지 아울러 분석되었다. 이는 소셜미디어 이용에 있어 개인의 주관적 행복도에 영향을 주는 진정한 요인이 무엇인지 변별해 내기 위한 작업이었다.

두 번째 연구는 소셜미디어의 이용동기와 이용자 몰입 체험에 있어서 사회적 압력 요인이 어떤 방식으로 영향을 주는지를 조사하기 위해 수행되었다. 사회적 압력이 소셜미디어 이용자에게 미치는 효과에 대하여 이미 많은 언론기사가 보도된 바 있고, 많은 사람들의 일상에서 실제로 체험하고 있으나 과학적 연구조사 방법론에 따른 연구 결과는 매우 희소한 상황이므로, 경험적 데이터의 수집이 꼭 필요하다고 판단했기 때문이다.

세 번째 연구는 이용동기와 행복 간의 관계성을 개인의 중요 기저 특질 중 하나인 성격강점 요인으로 확장해 보고자 하는 의도로 실행되었다. 소셜미디어의 활용을 통해서 긍정적 몰입과 행복감의 고양을 성취할 수 있도록 하는 결정 요인이 이용자 개인이 보유한 특질 요인과 긴밀하게 관련되어 있음을 충분히 통찰할 수 있으므로, 이에 대한 정밀하고 체계적인 실증 자료가 요청된다고 보았다.

세 편의 연구 모두 각 변수들에 대한 설문 질의를 통하여 이루어졌으며 웹, 모바일, 지필 설문 등의 경로를 통해 수집되었다. 자료는 SPSS 20.0 및 AMOS 20.0 프로그램을 이용하여 분석하였다.

4. 책의 구성

본 책은 〈그림 1〉에서 기술된 바와 같이 구성되어 있다.

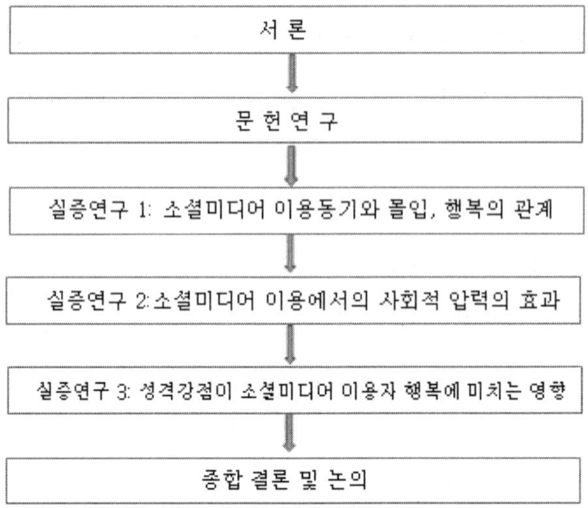

❙그림 1❙ 책의 구성

제 1 장은 서론으로 연구의 배경과 목적, 계획, 그리고 책의 구성으로 이루어져 있다.

제 2 장은 문헌연구로서 소셜미디어의 개념과 역사적 맥락, 사회적 현상과 의미, 소셜미디어에 연구의 다양한 흐름, 소셜미디어가 개인의 실존적 삶에 미치는 영향, 그리고 소셜미디어와 관련된 심리적 변수들에 대하여 개관하였다.

제 3, 4, 5장은 실증연구들로서 연구방법론과 자료의 분석, 결과 및 논의로 구성되며 구체적으로 연구모형 수립의 이론적, 경험적 근거와 가설 수립, 자료수집 절차 및 표본의 특성 분석, 모형평가와 검증 그리고 제반 결과에 대한 논의가 다루어졌다.

제 6 장은 종합 결론 및 논의로서 본 책의 요약, 시사점 및 제안, 연구의 한계점 및 향후 연구과제를 기술하였다.

Chapter 02

문헌연구

1. 소셜미디어의 개념

(1) 용어와 기능

소셜미디어라는 용어는 뉴미디어 개발의 개척자였던 Tuna Sharkey가 처음 사용한데서 유래되었으며(Bercovici, 2010), 개념은 지속적으로 진화하고 있다. 현재는 SNS(Social Network Service)를 포함, 마이크로 블로그, 멤버십 사이트, 집단 모바일 메시징 서비스, 다자간 채팅, 참여형 UCC 사이트, 사진 및 비디오 공유 서비스 등 이용자의 참여를 통해 정보와 지식을 생산, 공유, 소비하기 위한 웹 또는 모바일 기반의 서비스를 총 망라하는 개념으로 사용된다(황용석, 2013). 또한 사회적 관계망을 통하여 정보가 불특정 다수간 전달, 분산되는 방식으로 사회적 의제를 형성하거나 커뮤니티를 형성하는 환경을 소셜미디어 시스템이라고 한다(Standage, 2015).

소셜미디어의 주요 기능적 측면은 다음과 같다. 첫째, 이용자에게 자신과 연결된 다른 이용자의 존재에 대해서 실재감(presence)을 갖도록 한다. 온라인상의 상대방에 대한 실재감은 이용자간 각종 정보와 컨텐츠를 활발히 공유하도록 함으로써 의견이나 정보의 확산을 촉진시킨다. 둘째, 사회적 집단형성의 효과이다. 소셜미디어는 인원수 및 시간과 장소에 제한없이 일대일, 일대다, 다대다 간 대화를 지원함으로써 사회적 소통과 교류가 역동적으로 일어나도록 한다. 이러한 기능은 일반적으로 개인이 현실세계에서 유지할 수 있는 집단의 규모보다 더 큰 집단형성을 가능케 하며 개인으로 하여금 특정 집단에 소속되어 있다는 느낌을 갖게 한다. 셋째, 평판체계와 관계유지를 위한 다양한 기제를 제공한다는 점이다. 최근의 소셜미디어들은 타자를 인식하고 평가하는데 필요한 '평판 매기기' 체계를 여러 형태로 구비하고 있으며 이 평판 장치는 관계를 확장하는 기능적 수단이 되기도 한다. 뿐만 아니라 타자 연결 추천 등 관계의 구축과 유지를 돕는 시스템이 내재되어 이용자들 간 관계를 확장하는데 필요한 앨고리즘을 제공한다 (Kietzmann, Hermkens, McCarthy, & Silvestre, 2011).

(2) 소셜미디어의 유형

소셜미디어의 종류와 유형은 대단히 다양하며 지속적으로 진화하고 있다. 마이크로블로그, 네트워킹 사이트, 참여형 북마크, 비디오 및 사진 공유 사이트, SNS, 소셜 저널리즘 미디어 등은 포괄적으로 모두 소셜미디어에 포함된다고 볼 수 있다. 소셜미디어의 구분은 상대적이며 기준에 따라 상이한 분류가 가능하다. 대체로 '수평적 소셜미디어'는 특별히 한정된 목표나 주제에 구속되지 않고 불특정 다수간 관계 유지 및 확장을 주 내용으로 하는 형태를, '수직적 소셜미디어'는 특정 관심사(주제)나 목적, 대상, 속성 등에 특화하여 기능하는 형태를 지칭한다. 위키피디아의 대분류에 따르면, 소셜미디어의 모형으로는 커뮤니케이션 모형, 협업 모형, 컨텐츠 공유 모형, 엔터테인먼트 모형 등이 있다. 박정남(2010)의 경우, 소셜미디어의 종류를 표현형, 관계형, 공유형, 게임형으로 구분했고, 나종연(2010)은 기능성을 중심으로 프로필 기반, 비즈니스 기반, 블로그 기반, 수직적 기반, 관심주제 기반 등으로 구분하였다.

〈표 1〉에서 정리된 바와 같이 소셜미디어는 지속적으로 진화중이다. 오프라인의 기존 인맥을 온라인화 하는 과정에서 주류가 되었던 수평적이고 관계중심의 형태에서 페이스북과 같이 수평적이고 불특정 다수를 기반으로 네트워킹을 구축하는 개방형 플랫폼으로 변화했고 이는 소셜미디어의 양적 확산을 가져오게 되

었다. 최근에는 관심사나 특정 사회, 집단 중심의 한정된 주제 및 관계 형식을 유지하는 폐쇄적, 수직적 소셜미디어가 대안적 형태로 제시되고 있다.

| 표 1 | 소셜미디어의 유형(SNS를 중심으로)

<table>
<tr><th></th><th>특징</th><th colspan="2">예시</th><th>관계망의 성격</th></tr>
<tr><td>1세대</td><td>기존의 인간관계를 온라인 망에서 재현하는 속성 강함</td><td colspan="2">MSN메신저, 네이트온, 다음카페, 아이러브스쿨, 싸이월드, 미니홈피, 마이스페이스</td><td>수평적
제한적
관계형</td></tr>
<tr><td>2세대</td><td>불특정 다수에 기반한 네크워크로 관계망의 범위가 급격히 넓어지고 정보의 확산속도가 빠름/
광고 등 상업화 활발</td><td colspan="2">트위터, 페이스북, 구글플러스,
웨이보, 큐큐, 카카오톡, 라인, 토씨</td><td>수평적
개방형</td></tr>
<tr><td rowspan="3">3세대</td><td rowspan="3">관심사, 지역, 소속 집단 등 특정 주제, 목적, 속성을 공통으로 가진 사람들끼리 교류하려는 의도가 강함</td><td>주제
기반</td><td>인스타그램, 포스퀘어, 핀터레스트, 빙글, 렌딧, 플리커, 사운드클라우드, 링크드인, 텀블러, 너즐, 플립보드</td><td rowspan="3">수직적
사적
(Private SNS)

개별적이고
특화된 목적
가짐.

폐쇄형 또는
부분 폐쇄형</td></tr>
<tr><td>커뮤
니티
기반</td><td>밴드, 카카오그룹,
카카오스토리</td></tr>
<tr><td>신상
보호
기반</td><td>스냅챗, 텔레그램, 모씨,
오라운드, 비트윈</td></tr>
</table>

출처: Standage(2015) 일부 참조, 저자 분류

(3) 소셜미디어의 역사

1) 고전적 소셜미디어

Standage(2013)의 관점에 따르면 '현대적 소셜미디어'라는 개념은 성립할 수 있지만 소셜미디어 자체는 전혀 현대적이지 않다. 소셜미디어는 사회적 지향성을 가진 인류의 오랜 역사 속에서 유구히 존재하고 활용되어 왔었다.

고대 로마에서는 개인 간에 정보와 의견을 서신 및 납판[2)]을 이용하여 유포하

는 정교한 시스템이 존재했다. 서신은 필경사를 통해 대량으로 복제되었고 값싼 노예를 이용하여 광대한 로마 전역에 걸쳐 유통되었다. 지역의 개개인이 쓴 벽보(벽에 쓴 글들)도 마치 '댓글'과 유사하게 여러 사람들에 의해 연속적으로 이어졌다. 집권정부에 의해 발행되는 관보(acta diurna populi Romani) 역시 정보수요자인 민간 개인들에 의해 다량으로 필사되어 보급되었다.

이러한 전통은 초기 기독교에 계승되어 종교 전파와 활동에 서신의 유통이 결정적 역할을 하였다. 15세기 루터가 주도한 종교혁명이 빠른 속도로 진행될 수 있었던 배경 역시 당시의 소셜미디어 시스템에 의존한 결과이다[3]. 17세기 유럽의 커피하우스도 당대의 뉴스와 메시지, 풍문 등이 소책자와 함께 활발히 교류되는 소셜 플랫폼의 기능을 하였다(매일경제, 2015년 11월 6일자; 한겨레, 2015년 11월 12일자; Standage, 2013).

르네상스 시대부터 근대까지 300년 이상 이어진 '문예공화국(Republic of Letters)' 시대에는 종교개혁과 1735년 사이 6,7000명의 개인이 35,000통 이상의 학술서신을 교환했다. 서신을 통한 소셜 네트워크 시스템에는 신분, 성별의 차별 없이 누구나 참여할 수 있었으며 문학, 과학, 예술, 의학 등 광범위한 컨텐츠를 포괄하였다(윤지영, 2014).

이렇게 유구한 수평적이고 양방향적 정보교환은 19세기 이후 매스미디어의 등장으로 몰락하기 시작했다.

2) 근·현대의 매스미디어

19세기 이후 대량 인쇄 기술과 Radio, TV 등의 발명으로 인하여 뉴스와 정보의 생산이 주요 산업 영역으로 편입되었고, 정보 생산자와 소비자 이외의 제 3의

2) 송신자와 수신인이 메시지를 연속적으로 이어서 쓸 수 있도록 만들어진 태블릿 모양의 철판으로 현재 시중에 판매되고 있는 애플사의 아이패드와 매우 흡사한 모양을 가지고 있다.
3) 마틴 루터가 1517년 면죄부를 비판하기 위해 비텐베르크 성 교회 출입문에 붙인 '95개 논제'가 수많은 개개인들의 '자발적 권유과 공유'에 의해 소책자 형태로 재발행되어 독일 전역에 퍼질 때까지 걸린 시간은 2주에 불과하다.

세력인 광고주가 중요 의사결정자로 자리잡게 되었다. 정보의 선택, 생산, 유통 작업은 소수 집단에 의해 독점화, 집중화 되었으며 이는 정치적 독재 권력 집단을 위해 손쉽게 통제되는 통치 보조 수단으로 기능하기도 하였다. 정보의 수신자인 대중은 미디어 매체 상에서의 동등한 참여자가 아니라 언론 산업체 및 광고주가 제공하는 상품의 수동적 소비자로서만 그 지위를 유지하게 되었다(오미영, 정인숙, 2005; Baran, Davis, 2003).

매스미디어가 정보 수신자에게 미치는 영향에 대하여 다양한 이론이 존재한다. 대중에 미치는 효과가 매우 크고 즉각적이고 획일적이라고 가정한 탄환이론(Schramm, 1964) 및 자신의 의견과의 일치도에 따라 선택적으로 미디어에 반응하는 침묵의 나선형이론(Neumann, 1974)과 같은 강효과 이론과 이에 대비하여, 한정된 영향만을 미친다는 제한효과이론(Klapper, 1960)과 같은 소효과 이론 등이 있다.

3) 현대적 소셜미디어

현대적 소셜미디어는 사회적 소통과 교류라는 인간 본연의 욕구가 과학기술에 힘입은 기기장치와 디지털화된(digitalized method) 고도의 데이터 처리 방식, 인터넷이라는 통신환경에 의지하여 보다 많은 사람에게, 보다 높은 빈도로, 보다 빠르게, 보다 다양하고 효과적인 방식으로 구현된 결과에 불과하다. 이러한 특성에 기반하여 소셜미디어는 그 소통력과 파급력에서 효율성을 극대화할 수 있었고 기존의 매스미디어를 보완, 대체하는 수준에 이르렀으며 사회적 의제의 구축 및 확산과정에서 중요한 역할을 하고 있다(이원태, 김춘식, 이나경, 2010; 황용석, 2013).

현대적 소셜미디어의 가장 큰 특징이자 성과는 뉴스와 정보, 논평과 관점의 생산과 유통 과정에서 수평화, 민주화, 다원화 체계를 다시 복구했다는 점이다. 신문, TV, 라디오 등 기존 매스미디어의 경우, 컨텐츠의 선택적 편집과 이에 대한 평가, 유통, framing(특정 사안에 대한 틀 만들기), 의제 형성 등의 제반 영역에서 소수 독점 언론이 결정권을 독점하고 있었다. 반면, 작금의 소셜미디어 시스템에서는 불특정 다수의 개개인들이 그 역할을 할 수 있는 구조를 확보하게 되었음을 의미한다. 이러한 분산적 네트워크상에서는 상대적으로 정부나 소수 권력에 의한 여론의 일방적 방향성 설정이나 통제가 어려워진다(표 2 참조).

두 번째로 파급력과 신속성이다. 현대의 소셜미디어 시스템에서는 특정 컨텐츠들의 보급 범위에 지리적, 국가적 한계가 거의 없다고 할 수 있다. 지지를 받는 컨텐츠는 추천과 공유, 재생산의 연쇄반응으로 아주 빠른 시간 내에 대규모 군중에게 전달되고 있으며 이러한 속성은 사회, 정치, 경제적으로 큰 의미를 갖는다. 최근 소셜미디어가 가장 의미있는 상업적 플랫폼으로 자리잡은 상황이나 튀니지 혁명 같은 정치적 변혁이 트위터에 의해 촉발된 사례, 이슬람국가(IS) 단체가 소셜미디어를 통하여 전세계로부터 인력을 모집하고 정치적 의도의 마케팅 활동을 활발히 벌이고 있는 현실은 이를 반증하고 있다.

표 2 매스미디어와 소셜미디어의 비교

구분	특성
매스미디어	- 주요 언론사(또는 미디어 기업)에 의하여 뉴스, 정보, 엔터테인먼트 등 제반 컨텐츠가 생산, 공급됨 (소수 독점) - 컨텐츠 상품의 생산과정이 전문적이고 상업적임 - 불특정 다수의 수용자층에게 공적, 일방적, 간접적으로 전달. - 정치, 상업적 목적에 따라 언론에 의한 여론 통제가 용이함. - 정보 수용자들은 수동적 소비자의 역할
소셜미디어	- 참여 · 공유 · 개방의 웹 2.0 정신에 기반해 누구나 생산, 재생산, 평가, 유통 가능함 (다수 생산) - 관계 혹은 친분 중심의 쌍방향적, 직접적 소통, - 피라미드식 전달에 의한 연쇄적 파급효과 극대화 - 컨텐츠 상품의 생산과정이 비전문적임 - 특정 주체에 의한 여론 통제가 쉽지 않음 - 정보 수용자들의 자발성, 능동성이 상대적으로 높음

출처: 온라인 저널리즘(황용석, 2013)을 바탕으로 저자 정리

(4) 소셜미디어 연구동향

소셜미디어는 다양한 기능적 측면과 속성을 가지고 있다. 어떤 기능에 특화하여 연구하느냐에 따라 연구의 영역이 구별되고 있으며 그 하위 분야들이 점차로 더욱 세분화, 정교화되고 있는 추세이다.

1) 언론 및 저널리즘에서의 관점

소셜미디어에 의하여 기존의 저널리즘 환경도 많은 변화를 겪고 있다. 기존 매체의 영향력이 감퇴되는 현상이 존재하는 한편, 최근에는 소셜미디어를 언론보도에 적극적으로 활용하는 트렌드도 나타나고 있다. 참여형 보도, 소셜미디어 기술에 의거하여 뉴스를 제작하는 소셜 뉴스(social news)라는 장르가 등장해서 뉴스 서비스 시장에도 영향을 미치고 있다. 소셜미디어의 미디어적 기능에 초점을 맞추어 학문적 연구를 수행하는 흐름들은, 기존의 미디어 시스템이 소셜미디어의 보편화로 인해 직면한 변화와 도전, 그리고 융합의 가능성(권상희, 2012), 미디어 수용자로서의 소비자의 인식의 동향(최민재, 2009), 소셜미디어의 매체로서의 소통 구조와 속성(박선희, 2012) 등을 주요 주제로 다루고 있다.

2) 기업 마케팅적 관점

소셜미디어는 현재 기업, 기관들의 마케팅, 홍보의 주요 채널이다. 새로운 매체로서의 소셜미디어가 기존 기업 홍보 및 마케팅 채널과 비교하여 어떤 특성이 있는지, 새로운 마케팅 도구에 대한 활용성과 전략, 효과 요인들이 주로 연구되어 왔다. 특히 광고, 고객 접점, 사용의도, 구매의도, 브랜드 구축 효과 등 마케팅 활동과 관련된 기업의 상업적 활용성에 초점을 둔 연구들이 발표되고 있다(노은직, 김보영, 2013; 서수석, 이종호, 2011; 조경희, 김귀자, 2012; 진고환, 정철호, 2012), 최근에는 소셜미디어를 중심으로 한 빅데이터 분석 등 소셜플랫폼을 기반으로 하는 복합적 비즈니스 모형에 대한 논의가 활발히 진행되고 있다.

3) IT 서비스 상품에 대한 소비자 행동모형 관점

소셜미디어를 IT 산업 내 서비스 상품의 일종으로 간주하고 그 이용모형을 탐색한 연구들로서 기술수용모형이나 그 확장 모형에서 주로 접근하고 있다. 소셜미디어 역시 한 개의 상품 또는 새로운 기술로 인지하고, 이러한 새로운 기술 상품이 수용되고 보급되는 과정에서 수용자들 및 해당 상품의 속성들에 따라 어떤 메커니즘을 형성하는지 분석한다(박윤서, 김용식, 2011; 박철, 2008; 정영수, 정철호, 2007; 진창현, 여현철, 2011; 채영일, 이현수, 서영호, 2004).

그러나 소셜미디어의 수용 및 이용행동을 기술수용모형으로 설명하는 것은 한계를 가질 것으로 보인다. Davis가 1989년 기술수용모형을 제안했을 당시에는 전세계적으로 IT 산업의 급격한 성장과 괄목할 만한 신기술, 또는 신기술을 응용한 제품들이 대거 등장했던 시기였다. 따라서 해당 모형은 IT-based technology에 대한 일반 대중의 친숙도가 높지 않은 상태에서 신기술 및 제품이 어떻게 소비자들에게 수용되는지와 관련된 메커니즘을 설명하고자 하였기 때문에 '지각된 유용성', '지각된 사용 용이성', '수용자의 태도' 등이 중요한 변인으로 성립될 수 있었다. 그러나 소셜미디어가 본격화된 2000년 중반 이후는 이미 IT 기반 서비스에 대한 친숙도가 매우 높은 상태이고 대중적으로 용이한 UI를 채택하고 있기 때문에 소아층부터 노년에 이르기까지 사용에 대한 저항 장벽이 높지 않다. 오히려 소셜미디어의 보편화 현상을 환경 변화에 대한 개인과 사회의 적응적 관점에서 접근하는 것이 보다 타당해 보인다. 유재현과 박철(2010)도 기술수용모델 연구들에 대한 메타분석을 통하여 가설 및 적용대상의 특성을 고려하지 않고 무분별하게 기술수용모형을 적용하는 연구들의 문제를 지적한 바 있다.

4) 이용자들의 실존적 삶에 미치는 영향에 대한 관점

최근 소셜미디어가 이용자들의 삶의 제반 영역에서 미치는 영향을 실존적 측면에서 탐색한 연구들이 활발히 보고되고 있다. 분석 대상을 개인 단위의 심리-사회적 세부 영역으로 설정하고 이 안에서 관찰되는 변인들이 소셜미디어와 어떤 관계성을 갖는지 조사하는 방식이다. 개인의 사회적 자본 획득, 심리-정서적 웰빙, 이용자 동기, 라이프 스타일, 사회적 성취감과 만족도, 행복과 삶의 만족에 대한 기여, 성격특성에서의 취약성, 정신병리 현상 등에 주목하여 이들 변수들과 소셜미디어의 연관성 및 인과관계를 분석하고자 하는 연구들이다(고동순, 박용순, 이한아름, 2013; 김남이, 이수범, 2011; 김봉섭, 박상미, 2013; 내가영, 2010; 박찬욱, 이신복, 김선조, 2013; 심성욱, 김운한, 2011; 오은해, 2012; 이방형, 한상린, 이성근, 이성훈, 2013; 이윤형, 서준석, 백경은, 안수정, 정다래, 2011; 조성현, 서경현, 2013; Kim, Shim, Ahn, 2011).

소셜미디어가 보편화됨에 따라 개인의 실존에 미치는 효과와 문제점, 극복을 다루기 위한 'micro-individual focused approach' 프레임의 연구들에 대한 수요가 질적, 양적으로 증가할 것으로 보인다. 현재로선 실증적 데이터의 축적이 충분치 않고 통합적 모형이 제안되지 않은 상태이다. 더구나 소셜미디어 현상에는 문화적, 지역적 특성이 많이 반영되어 있으므로 집단, 지역, 문화에 특화된 연구들도 필요할 것으로 보인다. 현재까지는 개인 내적, 동기적, 인지적 요소 및 결과적 현상과 소셜미디어와의 연관성 조사에 초점을 맞춘 연구들이 많은 편이지만 이 과정에서 작용하는 사회적 영향에 관한 연구는 미진한 상황이다.

2. 소셜미디어의 사회적 측면

소셜미디어 이용의 양적 확산과 질적 심화 현상을 이용자 각자의 내적이고 자발적인 이용동기의 발현으로만 이해한다면 명백히 오류일 것이다. 많은 사람들의 경우 처음 소셜미디어를 사용하는 계기는 공적 또는 사적으로 가까운 지인들의 소개 및 권유 때문이며 일단 소셜미디어를 통해 연결된 커뮤니티 또는 인간관계로부터 탈퇴, 해소하려면 현실적으로 어려움이 수반됨을 암시하는 보고들이 다수 있다[4]. 이방형 등(2013)은 많은 사람들이 소셜미디어를 '자신의 의지와는 상관없이 사회적 관계 속에 있는 친구 및 지인들이 이용하고 있기 때문에' 이용하게 되었음을 발견하였다. 박찬욱 등(2013)은 SNS 이용자들의 사회적 모방 동조성의 수준이 높을수록 SNS에 대한 결속력이 높아지며 이는 SNS에 대한 집착의 도를 높인다는 것을 보여주었다.

따라서 소셜미디어의 폭발적 수용과 확산 현상을 심층적으로 이해하기 위해서는 개인이 가진 내적-자발적 동기 요인과 더불어 개인에게 작용하는 사회적 환경 요인의 기능과 효과를 고찰함이 필수적이라 할 수 있다. Fishbein & Ajzen(1975)은 합리적 행위이론 모형을 통하여 준거집단의 규범에 대한 개인의 믿음과 이를 수용하고 따르고자 하는 동기가 개인 내면에 규범화되고 이것이 행동에 영향을 준다는 관점을 제안한 바 있다. 이 이론에 근거를 두고 전개된 기술수용모델(TAM: Technology Acceptance Model)의 확장된 모델(TAM2, TAM3) 및 관련 연구들에서도 신기술 및 서비스의 채택과 지속 사용에 영향을 주는 사회적 맥락에 대한 고찰이 이어져왔다. Venkatesh & Davis(2000)는 새로운 시스템을 채택할 때 작용하는 사회적 압력으로서의 주관적 규범의 역할을 강조하면서, 중요한 준거집단의 기대에 부응하기 위하여 행동하려는 경향성이 사용 의도를 동기화시킨다고 보았고 관련된 실증적 연구들은 이를 지지하는 결과를 보고하였다(Anandarajan, Igbaria, & Anakwe, 2002; Karahanna & Straub, 1999; Taylor & Todd, 1995).

Moore & Benbasat(1991)은 정보기술의 이용을 통해 자신의 사회적 이미지나 지위를 높일 수 있다는 인식의 정도를 의미하는 용어로서 '사회적 이미지'라는 개념을 제기하였다. 박종구(2012)는 뉴미디어 채택에 관한 통합모델(IAM-NM; Integrative Adoption Model of New Media)에서 새로운 미디어의 채택 여부가 준거적 타인들의 생각에 의해 영향을 받는다는 사회적 특성 효과를 주관적 규범

---

4) 소셜미디어의 '잠금효과(lock-in effect)'도 흔히 관찰되고 있다. 이미 가입하여 사용하고 있는 특정 소셜미디어를 탈퇴할 경우, 그 관계망을 통하여 연결되어 있는 지인, 사회집단의 소속원들과 교류할 수 없게 되고 이는 사회적 손실로 이어질 수 있다는 우려 때문에 어쩔 수 없이 계속 머물러 있어야 한다(매일경제, 2014년 5월 29일자; 중앙일보 2014년 1월 11일자).

과 사회적 이미지라는 구성개념으로써 도식화 하였다.

관련된 실증 연구로서, 양희동과 최인영(2001)은 주관적 규범, 가시성, 이미지의 세 요소로 구성된 사회적 영향 요인이 스프레드 쉬트와 인터넷 등의 시스템 사용에서 인지된 유용성과 용이성에 직, 간접적 영향을 미침을 검증하였다. 이문봉과 김은정(2005)은 온라인 커뮤니티에서 사회적 요인이 개인의 참여 동기와 함께 이용자의 태도 몰입 및 행동 몰입에 영향을 준다는 점을 발견하였다. 위의 연구 결과들은 정보통신기술 및 뉴미디어에 대한 수용이 개인의 합리적인 지각 차원에서 이루어지기보다는 개인이 속한 조직 또는 집단 수준의 문화에 의해서 결정된다는 함의를 갖는다(오미영, 정인숙, 2013).

그러나 최근의 소셜미디어 현상에 내재한 사회적 요인은 확장된 TAM이나 뉴미디어 채택 이론의 프레임 상에서 고려되었던 사회적 요소, 즉 주관적 규범(subjective norm)이나 이미지(image), 가시성(visibility) 같은 개념과 공통되면서도 별도의 고유한 특징을 가지고 있는 것으로 보인다. 그것은 소셜미디어 이용에 관해 개인에게 가해지는 사회적 요청과 압력이 기존 미디어나 신기술의 경우와 비교하여 상대적으로 훨씬 강력하고 직접적이라는 점이다. 주관적 규범, 이미지 등은 사회적, 대외적 관계성으로부터 획득된 것이지만 개인 내면에 유입된 이후 과정에서 추상적이고 상징적 형태로 표상화(representation)된 것이다. 따라서 특정 신기술이나 미디어를 채택함에 있어 이들 사회적 요인이 개인에게 작용하는 방식은 간접적이다.

반면 소셜미디어, 특히 SNS 같은 매체의 확산 과정을 관찰하면 무시하기 어려운 준거인들, 예컨대 학교나 직장 같은 조직 내 동료들, 가족, 친구 등의 요청이나 권유 또는 모방으로서 시작되고 그들과의 소통을 위한 수단으로서 사실상 강요되는 경우가 많다(김명수, 이동주, 2012; 박윤서와 김용식, 2012; 이방형 등, 2013). 이는 소셜미디어가 단순한 IT 상품이나 서비스로서 객체화된 대상이라기보다는 개인에게 '사회적 연결성'을 확보하도록 하는 밀착된 생활 장치이며 구조적 환경으로 작용함을 시사한다(배지우, 박정열, 2015a).

소셜미디어의 확산과 몰입 현상에 영향을 미치는 것으로 추정되는 또다른 사회적 요인으로 동조성을 들 수 있다. 동조(conformity)란 특정인이나 집단으로부터 실제적이거나 가상의 압력을 받아 자신의 행동이나 의견을 바꾸는 것으로 정의된다(Aronson, 2008). 동조는 사회 전반에서 매우 광범위한 형태로 일어나며, 직접적인 보상이나 처벌에 의해 촉진되기도 하지만 불확실한 상황에서 적절한 행동 방침에 대한 정보를 얻기 위해 '사회적 현실'에 의존하는 과정으로서 일어나기도 한다(Festinger, 1954). 즉 다수의 타인이 하는 행동 자체가 의미 있는 정보로서 기능하게 되는 것이다.

동조는 사회적 영향에 대한 개인의 주요한 반응으로서, 순종(compliance), 동일시(identification), 내재화(internalization)의 세 가지 형태로 일어난다. 순종이란 보상을 얻고 처벌을 피하려는 욕구가 동기화된 것으로 개인의 신념과 상관없이 외적 강압에 의하여 발현될 수 있다. 동일시는 자신이 동일시하려는 대상과 원만한 관계를 유지하고 싶어 하는 욕구의 구현체로서 동일시하는 대상 또는 집단으로부터의 영향을 적극적으로 받아들이고 유사한 가치와 태도를 가지려는 경향성을 의미한다. 내재화는 순종이나 동일시보다 더욱 내면화된, 지속적이고 뿌리 깊은 반응으로 신뢰로운 대상으로부터 수용된 신념과 가치 체계를 확고하고 통합적인 방식으로 유지하는 것을 의미한다(Cialdini & Goldstein, 2004; Kelman, 1961).

3. 소셜미디어의 양면성

소셜미디어가 이용자들의 심리적, 사회적 영역에 미치는 영향과 관련해서는 긍정적 측면과 부정적 측면이 모두 발표되고 있는데, 어느 한 방향으로 일관된 결과가 나오지 못하고 있다(금희조, 2011; 나은영, 2012).

(1) 긍정적 기능

소셜미디어는 개인들에게 확장된 실제 세계의 부분으로서 작용하며, 광범위한 영역에서 심리, 사회적 효용을 제공하는 것으로 보인다[5]. 소셜미디어를 통하여 개인은 사회적 자본의 형성과 유지, 확장을 추구할 수 있고, 지지감, 연대감, 소속감 등의 고양을 통해 사회적 정체성을 획득하고 이는 자신감과 삶에 대한 만족을 고양시키는 역할을 한다.

Taylor, Lewin & Strutton(2011)은 Katz & Foulkes(1962)가 제안한 이용충족 이론을 참고하여 SNS 이용의 이익을 내용적, 구조적, 사회적 이익(content, structural, social-related benefits)의 3가지 차원으로 분류하였다. 내용적 이익에 상응하는 동기는 정보와 오락성의 추구이며 구조적 동기는 시간을 채우고 구조화하는 것, 사회적 동기로는 자기가치 고양 및 또래 사회화 요인을 열거하였다.

실증적 자료들은 페이스북 같은 SNS가 지인들 간 연대를 강화하고 인간관계의 폭을 넓힘으로써 우울증과 고독을 완화시켜 준다는 연구가 있다(Kim, LaRose, & Peng, 2009). Ellison, Steinfield, & Lampe(2007)은 소셜미디어가 기존의 오프라인 관계를 강화하고 사회적 자본을 축적하는데 도움이 된다는 자

---

5) 1. Nielsen Report(2012)에 따르면 76%의 이용자들이 소셜미디어를 통하여 사회적 활동을 하는 것에 대하여 긍정적인 감정을 느끼는 것으로 조사되었다. 이는 삶에 활력소와 힘을 준다고 한다.
2. 동창 모임과 같은 커뮤니티 기반 소셜미디어는 많은 사람들에게 과거 지인들과 손쉽게 연결되고 조우하며 대화할 수 있는 즐거움을 선사한다는 측면에서 이용 만족도가 개방형 소셜미디어에 비교하여 상대적으로 높은 편이다(중앙일보, 2014년 1월 11일자).
3. 노인과 같이 오프라인에서의 대인적 접촉이 쉽지 않은 계층에 있어서 매우 유용한 사회적 연결 통로로 기능할 수 있다. 한국정보화진흥원 고정현 위원에 따르면, 소셜미디어와 같은 매체가 노인들의 삶을 더 건강하고 즐겁게 바꿀 수 있다는 연구 결과가 세계적으로 많이 나와 있으며 노인들의 고립감, 우울증을 해소, 치매 예방에 도움이 된다고 한다(중앙일보, 2014년 2월 25일자; YTN, 2014년 2월 25일자 보도).
4. 특정 질병에 걸린 환자들이 같은 조건의 사람들과 소셜미디어를 통하여 각자의 의료 서비스 이용경험과 노하우, 질병에 대한 지식 등을 나눔으로써 큰 도움을 받는 사례가 증가하고 있다(조선일보, 2014년 3월 18일자).

료를 보고하였다. 또한 페이스북 이용자에 있어서 친구의 숫자가 이용자의 지각된 사회적 지지감에 대하여 예측력을 가지며(양혜승 등, 2012), 주관적 행복감과 정적으로 상관된다(김봉섭, 박상미, 2013; Kim & Lee, 2011)는 연구들이 있다. 김영임(2015)과 이상돈, 이수영, 김군주(2015) 역시 소셜미디어 이용정도가 높을수록 사회적 지지감을 많이 느낀다고 보고하였다.

(2) 부정적 기능

그러나 소셜미디어의 긍정적 효과는 일관된 형태로 나타나지 않고 있으며 그 반대의 결과들도 동시에 존재한다[6]. 예컨대, 사회 자본과 관련한 금희조(2011)의 연구에서는 소셜미디어를 매체로 하여 확충된 사회적 자본이 그 유형에 따라 도리어 이용자가 체험하는 주관적 고독감을 상승시킬 수도 있다는 결과 또한 동시에 발견되었다. 양혜승 등(2012)의 연구에서도 페이스북 이용 행위 자체 변인들은 사회적 지지에 대한 이용자의 인식에 긍정적인 기여를 하지 못하는 것으로 나타났다.

Turkle(2011)의 관점에 따르면, 사이버 관계망에서의 활발한 활동이 온라인이 아닌 실제 세계의 대인관계에서의 교감능력을 오히려 저해시킬 수 있다고 한다. 누군가와 연결되어 있다는 환상 속에서 진정한 대인적 상호작용으로부터는 소외

---

6) 1. '투명사회(2014)'의 저자 한병철은 저서를 통해 페이스북이나 트위터 등 소셜미디어들이 현대적 파놉티콘(panopticon; 모든 것을 감시받는 원형 감옥)이라고 갈파하였다. 과거 타인으로부터 쉽게 얻을 수 없는 정보를 수집하기 위해 拷問을 했다면, 현대는 그럴 필요도 없이 소셜미디어로부터 노출되는 '자발적 정보 공개'를 통하여 모든 정보를 파악하고 이를 기반으로 사람들을 매우 효율적으로 통제할 수 있는 사회가 되었다고 기술했다. 거의 모든 소셜미디어 매체는 개인의 정보를 수집한다.

2. 소셜미디어들은 오프라인에서의 위계질서를 그대로 재현한다. 소셜미디어 내의 개인의 사회적 지위에 따라 소셜미디어 이용에 따른 편의성과 만족도는 매우 상이할 수 있다. 직장 상사나 부모, 교사 등과 같이 상대적으로 높은 지위에 있는 사람에게는 소셜미디어가 공간과 시간의 구속을 받지 않고 원하는 메시지를 보내고 상대방이 이를 확인했는지까지 확인이 가능하므로 편리한 도구로 기능한다. 반면, 비교적 낮은 지위에 있는 사람은 항상적으로 지시, 관리를 받거나 감시당한다는 느낌으로 불편함을 호소한다(중앙일보, 2014년 6월 18일자).

되고 있음을 의미한다[7].

정신의학 및 심리학 분야에서 진행된 최근의 연구들은 소셜미디어가 개인 내면 심리에 미치는 보다 부정적인 영향들을 다루고 있다. Nitzan, Shoshan, Lev-Ran, & Fennig(2011)는 페이스북 및 SNS의 이용이 증가할수록 망상, 불안, 혼란 등 정신병적 증상이 악화되며 이는 소셜미디어 상의 가상의 관계 뿐만 아니라 실제 생활에도 영향을 미친다는 연구결과를 발표했다. 또한 일상적으로 소셜미디어를 사용하는 청소년들에게서 불안, 억압 등 심리적 혼란이 발생하고 이는 신체건강에도 문제를 야기시킨다는 보고(Rosen, Whaling, Rab, Carrier, & Cheever, 2013)도 있다.

소셜미디어 중독도 사회문제가 되고 있다(이상호, 2014)[8]. SNS 이용집단을 대상으로 한 박순주, 권민아, 백민주, 한나라(2014)의 연구에 따르면 중독 정도가 심한 집단일수록 대인간 갈등을 다루는 능력이 낮았다. 그 밖에도 많은 연구들이 소셜미디어로 인한 스트레스, 디지털 피로감 등의 부정적 효과에 대하여 실증적 연구 결과를 다룬 바 있다(곽기영, 김효준, 2011; 김경달, 김현주, 배영, 2013; 김명수, 이동주, 2012; Bright, Kleiser, & Grau, 2015; Flores, 2014).

4. 소셜미디어와 관련된 심리적 변수들

(1) 소셜미디어의 이용동기

소셜미디어의 지배력 확산을 설명하기 위한 연구들은 우선 소셜미디어를 소비

---

7) Sherry Turkle은 'Alone Together: Why we expect more from technology and less from each other'라는 저서에서, "빈틈없는 연결은 새로운 고독으로 이어진다. 우리는 공백을 메우기 위해 신기술에 의존하지만, 기술이 상승하면 우리의 정서적 삶은 하강한다"라고 기술했다.

8) 설문조사기관에 따르면, 우리나라 직장인의 51%가 본인이 '스마트폰 중독자'라고 생각하고 있으며, 스마폰으로 하는 일 중 72% 이상이 소셜미디어 이용행위라고 응답했다(중앙일보, 2015년 7월 7일자).

하는 이용자 자신의 내적 욕구에 관심을 가졌고 자연스럽게 미디어에 대한 개인의 자발성과 목적지향성을 강조한 '이용과 충족 이론(usage and gratification theory)'을 참조하게 되었다. 이용과 충족 이론에 따르면, 미디어 이용자들은 주체적으로 미디어 이용의 목적을 설정하며 이를 위한 최적의 미디어를 환경 내에서 선택함으로써 충족감을 얻는다고 한다(Katz, 1959; Katz, Blumler, & Gurevitch, 1974). Katz는 매스미디어가 대중에게 작용하는 메커니즘보다 사람들이 미디어를 어떻게 자신의 주관적이고 내면적 맥락에 맞춰 활용하고 유기적으로 효용을 창출하는지에 주목하였다(Katz & Foulkes, 1962). 이러한 선구자적 안목은 TV와 같은 매스미디어와의 관계에서 이용자가 수동적이고 소극적으로 미디어의 내용을 수용하고 일방적으로 영향을 받는다는 당시의 통념(특히 매스미디어의 '강효과 이론')에 대응한 것이며 최근까지 많은 연구자들에게 미디어와 소비자의 관계에서 소비자측 변수와 관련한 주제를 탐구하는데 영향을 주고 있다.

Katz(1973)는 지적 추구, 정서적 충족의 추구, 개인 및 사회통합성의 추구, 현실도피 등이 미디어 이용자들의 내면적 동기라고 보았다. 이를 계승하여 Blumler(1979)는 인지적 지향성(cognitive orientation), 기분전환(diversion), 개인적 정체성(personal identity) 추구 등 세 가지 범주의 욕구가 미디어 활용 과정에 내재한다고 보았다. 인지적 지향성이란 미디어를 통하여 외부 세계에 대해 관찰하고 뉴스를 수집하거나 기타 정보를 파악하는 등 대외적인 '인지적 경계(警戒) 활동'을 통하여 생존 및 생활의 안전을 지키고 유용한 지식과 정보를 획득하려는 경향성을 의미한다. 기분전환은 무료하고 권태로운 일상의 제약으로부터 미디어 컨텐츠가 제공하는 다양성으로 도피하고 기분전환 효과를 누리려는 동기를, 그리고 개인적 정체성 추구는 미디어를 통해 접한 각종 사실과 사상, 사안들을 개인적 삶에 접목하고 통합하여 자기 삶의 일부로서 의미와 특징을 부여하는 과정을 가리킨다.

국내에서도 소셜미디어 이용동기와 관련된 연구들이 발표되고 있으나 소셜미디어의 이용동기를 기업 마케팅 효과와 관련하여 분석한 연구들이 상대적으로 많은 편이다(김예나, 김상우, 2011; 심성욱, 김운한, 2011). 내가영(2010)은 트위터와 미투데이 이용자를 대상으로 한 연구에서 타인과의 커뮤니케이션, 관계 형성의 유용성, 정보성, 오프라인과의 관련성, 이용의 용이함 등과 같은 동기적 요소가 해당 미디어에 대한 만족감에 영향을 미친다고 보고하였다. 문영주와 정철호(2011)는 소셜미디어 이용동기를 사회적 실재감, 즐거움, 유용성 3가지로 유형화하고 이 세 가지 동기 요인이 해당 미디어에 대한 만족감 및 재방문 의도에 긍정적으로 관련됨을 발견하였다. 오은해(2012)의 연구는 소셜미디어의 이용동기를 관계형, 정보형, 유희형의 세 종류로 구분하고 이들 동기들의 성격에 따라 이용자들간의 상호작용 그리고 이용자와 미디어 간 상호작용에 차별적으로 영향을 미치며 이는 다시 사용자 만족을 높이는 요인으로 작용함을 보여주었다. 고동완, 박용순, 이한아름(2013)은 자기표현, 기분전환, 사회교류와 같은 소셜미디어 이용동기가 몰입도와 관련되며, 몰입은 소셜미디어로 인한 여가만족도와 정적으로 상관됨을 증명하였다. 배지우와 박정열(2015a)은 사회적 동기 및 유희적 동기가 소셜미디어에 대한 이용자의 몰입(flow)을 유도하며, 소셜미디어와 관련된 사회적 압력이 이용동기와 몰입간의 관계성을 조절한다는 경험적 자료를 제공하였다. 이정권과 최영(2015)은 개방형과 폐쇄형 SNS에서 이용동기에 대한 요인을 탐색하면서, 개방형에서 정보검색 동기가, 그리고 폐쇄형에서 재미추구 동기가 더 높은 수준으로 나타남을 보고하였다.

그밖에 소셜미디어의 이용동기는 언론학, 사회과학, 방송 및 커뮤니케이션 등 다양한 분야에서 다루워져 왔다. 대체로 정보추구와 사회적 상호작용, 자아실현과 관련된 자기표현, 오락, 여가활동 등의 내용으로 구성되어 있다(표 3 참고).

❙ 표 3 ❙ 소셜미디어 이용동기와 관련된 연구들

연구자 (가나다순)	선행연구에서 사용된 소셜미디어의 이용동기들		
	사회적 성격	기능적 성격	유희적 성격
김남이, 이수범(2011)	관계중심		
김봉섭, 신명희, 임도경, 이인희(2013)	사회적 동기		
김예나, 이상우(2011)	관계성/유행성/ 정체성/자기표현	정보찾기/ 컨텐츠 공유/ 연계기능	오락성/
김유정(2011)	친구와의 교류		여가선용/ 현실도피
김형석(2012)	소통관계 유지		
김형석, 김동성(2012)	관계유지		
심성욱, 김운한(2011)	사회적 연결	컨텐츠이용/ 네트워크 검색	오락추구
이수범, 김동우(2012)	새로운 사람 만나기		
이수영과 내가영(2010)	관계맺기/상호작용/ 오프라인관계의 확장	정보수집/ 외국과의 접근	시간활용/ 유명인과 접근
이정권, 최영(2015)	사회적 관계맺기	정보추구/ 이데올로기 추구	재미/ 오락
최영, 박성현(2011)	사회적 상호작용		기분전환/ 여가활용/
최은정(2012)	커뮤니케이션/ 커넥션/정체성	정보공유	
황유선, 심홍진(2010)	편리한 소통기능/ 상호작용을 바탕으로 팔로어 그룹 형성	정보전달의 용이성/ 사적기록공간	휴식 및 유희
Gulnar & Cakir(2010)	관계유지/유행 나르시즘과 자기표현/ 자신의 지위향상	미디어 심취와 성과/정보추구	시간보내기/ 오락
Kim, Shim, & Ahn (2011)	네트워킹	정보수집	스트레스 완화

출처: 이방형 등(2013)의 자료를 재작업.

(2) 소셜미디어에 대한 몰입

중독 현상과 같은 과사용의 폐해가 보고될 정도로 소셜미디어는 이용자의 강한 몰입 현상을 유발하는 것으로 보인다(고아라, 2012; 조성현, 서경현, 2013; 오윤경, 2012; 이상호, 2014; 한국정보화진흥원, 2012). Csikszentmihalyi (1997)가 정립한 몰입(flow)의 개념은 특정 행동과 과정에 깊이 빠져 있는 심리적 상태를 지칭하는데 현재 과업에 대한 강한 집중, 무아지경과 같은 행위와 인식의 융합 상태, 주변 환경과 시간 흐름에 대한 인식력 약화, 현재 활동에 대한 통제감 및 행위 자체가 목적이 되는 자기충족성 등을 그 특징으로 한다(권석만, 2008).

몰입 관련 연구는 전기기술수용모형이론(TAM), 후기기술수용모형이론(PAM) 등의 확장연구에서 지속적으로 다양하게 수행되고 있는데 이는 몰입 요인이, 신기술이 사회에서 광범위하게 채택되고 확산되는 메카니즘을 설득력 있게 설명할 수 있게 하는, 수용자 개인 차원에서의 중요한 심리적 요인이기 때문이다(이상호, 2013).

특히 IT산업이 급격히 발전하고 새로운 신기술 및 현대적 통신망을 기반으로 이를 적용한 제품 및 서비스들이 대거 등장하던 1990년대 이후 몰입은 컴퓨터 매개환경(computer-mediated environment)에서 온라인 서비스 이용자들의 내적 상태를 기술하는 개념으로 유용하게 활용되고 있다(박철, 2008). 이러한 서비스에 있어 이용자 몰입으로서의 플로우는 몰입, 즐거움, 자의식 상실, 시간왜곡 같은 특성을 공통적으로 수반하는데 인터넷의 대중화 이후 많은 연구자들이 다양한 온라인 서비스에서의 이용자의 특성을 플로우와 연결하여 조사해왔다.

특히 온라인 게임, 쇼핑, 웹 서핑, 채팅, 커뮤니티, SNS 분야에서 도전감과 숙련도, 상호작용성과 같은 선행요인들과 몰입간의 관계성을 밝히려는 연구들(김진화, 변현수, 2004; 박성연, 이순민, 2005)이 수행되는 한편, 몰입의 후행요인에 해당되는 서비스에 대한 충성도, 구매 및 소비행동, 이용집착과 같은 변수들과 몰입의 연계성도 지속적으로 탐구되어 왔다(김정구, 박승배, 김규한,

2003; 이명수, 박종희, 김도일, 2001).

소셜미디어 관련한 실증 연구로서 유일과 최혁라(2008)는 확장된 TAM 모델의 연속선상에서 온라인 커뮤니티 이용자들이 인지하는 사회적 영향, 즉 주관적 규범과 이미지, 가시성이 플로우를 유발하는지 알아보았다. 박윤서와 김용식(2012)은 SNS 이용요인간의 구조적 관계 모형을 기술수용모델과 플로우를 통합하여 제시하였는데 자기노출성향, 개인의 혁신성, 정보의 적시성, 즉시 접속성, 가시성(주변인의 SNS 이용 정도) 등이 플로우에 영향을 주는지 조사했다. 두 연구의 결과는 다소 상반되어, 유일, 최혁라(2008)의 연구에서는 가시성이 플로우에 영향을 미친 반면, 박윤서와 김용식(2012)의 연구에서는 그렇지 않은 것으로 보고되었다.

김명수와 이동주(2012)의 연구는 도전감, 숙련도, 상호작용성과 SNS 이용자가 경험하는 플로우의 관계를 조사했는데, 가장 큰 영향을 주는 변수가 상호작용성임을 발견하였다. Mohr & Sohi(1995)의 연구에서도 SNS의 특성상 상호작용성이 매우 중요한 플로우의 선행변인임을 시사되었다. 박성연, 이순민(2005)은 온라인 커뮤니티에서 이용자가 자기 주변 사람들의 활동정도를 높게 지각할수록 자기 자신도 높은 수준의 플로우를 경험한다고 하였다.

(3) 소셜미디어의 이용자 행복

일상적으로 친숙한 '행복'이라는 개념은 긍정심리학의 부상과 더불어 주목받기 시작했고 그 구성개념의 전개와 조작적 정의, 측량화의 과정을 통하여 탐구의 대상으로 떠올랐다. 이를 계기로 행복은 심리학, 사회학, 경영학 및 인근 사회, 인문과학의 주제로 급속히 흡인되고 있다.

행복에 대한 인간의 관심은 유구하다. 서구적 행복관에 오랫동안 영향을 미친 사람은 Aristotles(384-322, BC)로서 그의 자기실현적, 이상적 행복론(eudaimonism)은 최근까지 행복에 대한 통념에 영향을 주고 있다. 그러나 최근 진화생물학의 역동적 움직임을 거쳐 행복에 대한 보다 과학적인 지식이 부각되면서 이러한 아리스토텔레스적 행복관은 가치나 이상과 구별되지 않는, 과학적 지식에 의하여 근거되지 않은 목적론에 가깝다는 비판을 받고 있다(서은국, 2014; 임영진, 2012; Gilbert, 2009). 오히려 행복이란 진화의 산물로서 인간의 생존과 번식(mating)을 위한 주요 수단(보상장치)으로 개념화하는 것이 보다 타당하다는 관점이 확산되고 있다.

추상적이고 복합적이며 다소 모호한 '행복'은 Diener(1984)에 의해 '주관적 안녕감(subjective well-being)' 이라는 구체적이고 분석이 가능한 요소적 개념의 합으로 환치되었고 이후 다양한 변인들과의 관련성을 조사하는데 사용되고 있다. Diener는 행복 경험에 내포된 주관성을 강조하였고 삶에 대한 만족감, 긍정적 정서, 그리고 낮은 빈도의 부정적 정서가 주관적 안녕감을 구성한다고 보았다(서은국, 구재선, 2011; Diener, 1984).

우리 사회에서 소셜미디어의 일상적 침투와 실존적 일체화 현상을 행복과 관련시킨 연구는 아직 충분치 않은 상태이다. 금희조(2011)는 소셜미디어 이용 빈도에 대한 주관적 평정치("특정 소셜미디어를 이용하는데 얼마나 많은 시간을 소비하였는지를 10점 척도에서 평정하시오")가 사회자본을 매개로 하여 고독감, 삶의 만족도, 전반적 행복감과 같은 정서적 웰빙의 지표들과 어떻게 관계되는지 조사하였다. 마이크로 블로그나 네트워킹 사이트와 같이 개인 간의 친분과 강한 밀착감을 특징으로 하는 '결속적 사회자본'에 있어서는 소셜미디어의 이용 빈도가 사회자본을 매개로 하여 전반적 행복감에 영향을 미쳤지만, 비교적 느슨한 '연계형 사회자본'의 경우는 이용 빈도와 행복감 간의 관계에서 사회자본의 매개효과가 나타나지 않았고 오히려 고독감을 증가시키는 효과를 나타냈다. 또한 사회자본과 독립적으로 이용 빈도 자체는 삶의 만족도에 영향을 주지 않았고 행복감에 있어서는 소셜미디어의 종류에 따라 상이하였다.

김봉섭과 박상미(2013)는 페이스북의 이용량(시간)과 친구 수, 페이스북에 대한 정서적 애착정도로 구성된 '페이스북 이용강도'라는 개념을 활용하여 이용강도가 고독감 및 삶의 만족도에 어떤 영향을 주는지 탐색하였는데 이용강도의 하위 범주 중 페이스북에 대한 애착정도만이 고독감이나 삶의 만족도를 예측하였다. 이용시간과 친구 숫자는 아무 영향을 주지 않았다. 한편 Kim & Lee(2011)는 페이스북 사용자들을 대상으로 페이스북 친구의 숫자가 대학생 이용자들의 주관적 안녕과 정적인 상관을 보였다고 보고하였다. 허동욱, 공다솜, 장예빛, 유승호(2013)은 대학생 집단에 있어서 SNS의 사용기간 및 사용량과 삶의 만족간의 관계를 조사했으나 유의미한 상관이 발견되지 않았다.

(4) 몰입과 행복

몰입과 행복은 밀접한 관계를 갖는 것으로 알려졌다. 몰입 연구의 대가인 Csikszentmihalyi(1997)는 적절한 난이도와 능력의 최적합 지점에서 깊은 몰입(flow) 체험이 일어나며 특히 외적 보상보다 일 자체에 대한 열정과 의미부여 수준이 높은, 자기 목적적인 성격(autotelic personality)이 강한 사람이 더 잘 몰입하는 경향을 보인다고 주장했다. 몰입은 최적 경험(optimal experience)이라고도 하며 이를 통해 외부적, 실존적 제약과 자의식으로부터의 초월이 일어나고 더 강한 자아가 형성되며 우월감과 행복감을 경험한다고 보았다(Seligman & Csikszentmihalyi, 2000). 긍정심리학을 제창한 Seligman(2002) 역시 행복의 요건으로서 개인이 어떤 대상, 사건, 활동 등에 깊이 몰입함을 지칭하는 의미로서 관여(engagement)라는 개념을 제시하였다.

뇌과학과 생리학적 연구 결과도 몰입과 행복 경험의 관계를 입증하고 있다. 집중적 사고과정을 통한 몰입의 상태는 도파민 과잉 상태를 유지시킴으로써 쾌감을 관장하는 A10 신경을 자극하여 강한 쾌락적 흥분을 느끼게 된다고 한다(황농문, 2008).

실증적 연구들을 통해서도 몰입이 행복에 기여함을 지지하는 증거를 찾을 수 있다. 몰입 체험의 누적은 대상과제의 난이도와 개인 기술수준 간 상호피드백을 통해 점차적인 균형점의 상승을 초래한다는 점에서 개인의 성장을 유도하며 이는 성취감과 자존감, 일과 삶에 대한 만족 등 자아실현적 행복(eudaimonic happiness)의 고양을 가져오게 된다(장훈, 한성열, 2010; Adlai-Gaile, 1994; Carli, Fave, & Massimini, 1988; Wells, 1988). 아울러 내적동기가 강한 활동에서 몰입이 일어날 경우 깊은 수준의 즐거움, 재미를 경험하게 함으로써 쾌락적 행복(hedonic happiness)에도 공헌한다(장훈, 2001; Csikszentmihalyi, Hunter, 2003; Patall, Cooper, & Robinson, 2008).

(5) 소셜미디어에 의한 사회적 압력

이용동기를 연구한 선행연구(이방형 등, 2013)에서 연구자들이 설계단계어서 미처 상정하지 못한 한 요인이 실증적 데이터 수집과정에서 확인되었는데 바로 해당 연구자들이 '유행성' 이라고 명명한 요인이었다. 실제로 이용자들은 '단순히 남들이 이용하니까 자신의 의지와는 상관없이 소셜미디어를 이용한다' 라고 보고하였다.

동조(conformity)는 사회현상에서 대단히 광범위하게 발생하는 현상이며 이미 20세기 중반 Asch(1951), Milgram(1963) 등이 준거적 타인집단에 대한 개인의 동조와 권위에 대한 복종 현상을 실증한 바 있다. 주변의 많은 사람들, 특히 친구, 동료 같은 참조집단 구성원들이 소셜미디어를 활발히 사용하고 자연스럽게 받아들이는 경우, 소셜미디어의 이용은 사회적 규범 행위화 된다. 즉 주변의 타인들이 하고 있다는 사실이 바로 내가 해야할 이유가 되는 것이다. 사회적 규범화는 하나의 행동 표준, 주류적 라이프 스타일로 간주되며 권위적 힘을 갖게 된다. 만약 이에 따르지 않을 경우 소외되거나 다수와 구별되거나 도태될 수 있다는 불안감이 수반되기도 한다. 이는 순수한 개인의 목적, 욕구에 의하여 이용하고자 하는 자발적 동기와는 구별된다.

소셜미디어 이용동기와 관련된 선행 연구에서는 자발적이고 능동적 차원에서의 사회적 동기와 개인 외적 요인으로서의 사회적 압력을 혼동하거나 모호하게 표현하는 경향이 있었다.

박찬욱 등(2013)은 SNS 이용에서의 동조성을 조사하였다. 이들은 SNS의 빠른 확산에 사회적 동조 요인이 작용하고 있음을 전제하여 사회적 모방동조, 사회적 연결동조, 사회적 비교동조 라는 세 가지 하위차원을 설정하고 이들 각각이 SNS상의 결속과 집착의도에 어떤 영향을 미치는지 분석하였는데, 사회적 모방동조는 SNS에 대한 지속적 결속에, 연결동조는 규범적 결속에, 그리고 비교동조는 감성적 결속에 가장 중요한 원인으로 작용하였음을 발견했다. 그러나 각 동조차원의 개념이 모호하고 이론적 근거가 따로 제시되지 않아 이를 측정하는 척도와 구성개념 간에 거리가 있어 보인다.

Chapter 03

소셜미디어 이용동기와 행복: 몰입의 매개효과를 중심으로(연구 1)

1. 서론

소셜미디어에 대한 연구는 그 미디어적 속성으로 인해 마케팅이나 소비자행동학 및 언론학과 같은 분야에서 관심을 받아 왔지만, 최근 소셜미디어가 개인 생활의 실존적 측면에 미치는 각별한 효과 때문에 심리학이나 정신의학, 교육상담 등의 분야에서도 주목을 받고 있는 상황이다. 특히 일상화된 소셜미디어의 사용과 탐닉이 과연 그 이용자에게 심리적, 정서적, 사회적 웰빙에 어느 정도 기여하는지에 대해서 연구적 관심이 높아지고 있다(나은영, 2012).

소셜미디어가 개인의 실존적 삶의 제반 영역에 미치는 영향을 조사한 선행 연구들은 일관된 결과를 내지 못하고 있다. 소셜미디어의 심리적 이익(psychological benefit)과 관련해서, 개개인의 사회 관계망을 확장시킴으로서 사회 자본을 구축하는데 도움이 된다거나(금희조, 2011; Bargh & McKenna, 2004; Ellison, *et al.*, 2007), 페이스북 같은 SNS가 이용자의 지각된 사회적 지지감을 높이며(양혜승 등, 2012), 주관적 행복감과 정적으로 상관된다(김봉섭, 박상미, 2013; Kim & Lee, 2011)는 연구들이 있다.

동시에 소셜미디어의 심리적 손실(psychological cost)에 주목한 연구들도 누적되어 왔다. SNS를 매개로 확충된 사회적 자본이 그 유형에 따라 오히려 이용자의 고독감을 증가시킬 수 있고(금희조, 2011), 온라인에서의 관계망이 실제적 대인관계에서의 소통, 교감 같은 진정한 의미의 사회적 교류를 방해한다는 관점

(Turkle, 2011)이 대두되었다. 소셜미디어로 인한 지각된 사회적 지지감의 고양 효과 역시 일관되게 나타나지는 않았다(양혜승 등, 2012; Kim & Lee, 2011). 나아가 최근에는 페이스북의 과도한 이용으로 정신병 및 망상이 야기될 수 있다는 연구(Nitzan, *et al.*, 2011; Social News Daily, 2013)나 SNS 중독현상으로 인한 생활 폐해 현상(이상호, 2013, 2014; Flores, 2014), 습관적으로 소셜미디어를 이용하는 아동들에게서 관찰된 불안, 억압 및 신체건강 저해(Rosen, *et al.*, 2013), SNS로 인한 디지털 피로감 증후군(김명수, 이동주, 2012; 조성현, 서경현, 2013; Catone, 2008)까지 다양하고 폭넓게 소셜미디어의 역기능적 측면들이 부각되고 있다.

이렇게 삶의 여러 측면에서 소셜미디어와 관련된 상충적 효과들이 보고되는 가운데, 우리 사회 구성원들이 소셜미디어로 인하여 실제로 얼마나 행복을 느끼고 있는지에 대한 학문적 관심이 고조되는 것(금희조, 2011; 김봉섭, 박상미, 2013; 허동욱 등, 2013, Ellison, *et al.*, 2007)은 자연스러운 현상이라 할 수 있을 것이다.

긍정심리학의 대두와 함께 행복이 인간의 삶의 질을 평가하는 중요한 지표로 간주되면서 행복의 유발요인들과 행복의 경험적 구성요인들에 대한 연구는 어느 때보다도 활발하게 이루어지고 있다(서은국, 구재선, 2011). 현대 사회에서 행복이란 삶의 제반 영역에서의 주관적 성취와 만족감을 총체적으로 집계한 상징적 개념이면서 동시에 인생의 목적으로 인식되고 있는 경향이 강하다. 그럼에도 불구하고 아직 국내에서는 소셜미디어가 이용자들의 행복에 얼마나 기여하는지, 그리고 소셜미디어로 인한 행복 경험을 중재하는 요소들이 무엇들인지에 대한 분석적 연구는 초기 단계이고 실증적 자료도 충분하지 않은 상황이다. 본 연구는 일상화된 소셜미디어 이용과 행복 사이의 관련성을 조사하고 양자간의 관계에 관련되는 요인들이 무엇인지 알아보고자 한다.

(1) 소셜미디어 이용동기의 하위차원과 몰입 및 행복

소셜미디어 이용동기에 대한 선행연구들은 각자 다양한 동기의 종류를 제시하고 개별적 동기들과 종속변인들 간의 관계를 분석해 왔다. 그러나 연구마다 유사한 성격의 동기가 다른 명칭으로 정의되기도 하고 방만한 세부 동기들이 병존하게 되어 이론적 정립이 어려운 점도 존재하였다.

동기 유형을 구분하는 것의 효익은 소셜미디어를 이용하는 이유와 필요가 사람마다 워낙 다양하고 포괄적이라서(김희연, 오주현, 2012), 이용동기라는 단일 차원으로는 타 요인들과의 관계성을 정밀하게 이해하기 어렵기 때문이다. 또한 소셜미디어가 야기하는 중독과 과사용, 피로와 스트레스, 실제적 대인관계 소외 현상 등 많은 심리-사회적 증상들을 진단하고 해결함에 있어 보다 세분화된 분석적 프레임이 요구되기 때문이다. 예컨대, 사회적 동기가 강한 사람이 소셜미디어의 과사용으로 인한 생활상의 문제를 가지고 있다면 소셜미디어가 아닌 다른 방식으로 사회적 욕구를 충족하는 방향으로 유도하여 개인의 문제를 도울 수 있다. 뿐만 아니라 소셜미디어는 최근 기업 마케팅의 수단이자 환경으로 부각되고 있다. 홍보와 마케팅 전략의 정교한 수립을 위해서도 이용 동기의 체계적 정리는 매우 절실하다.

이방형 등(2013)은 소셜미디어 이용동기와 관련된 국내 연구들에 대한 메타분석을 통하여, 개별적 연구에서 다루어진 수십 가지의 다양한 동기들을 몇 가지 차원으로 압축하여 추후 연구에서 활용하는 방안이 방법론상 장점이 있음을 제안하였다. 이들은 선행연구들에서 동기(욕구)와 그 구현을 위한 방략이 혼동되어 사용되고 있음을 지적하고 중복성과 불필요한 복잡성을 방지하기 위하여 각각의 구체적인 동기들을 이용자의 근본적인 욕구에 기반하여 각각 사회적 동기, 기능적 동기, 유희적 동기라는 추상적 차원으로 환원하였다.

사회적 동기란 관계추구형 동기라고도 불리는데, 대인적 상호작용을 통해 사회적 관계를 원만히 구축하고 향유하려는 욕구라고 할 수 있으며, 사회적 자본의 구축과 이와 관련된 심리적 안녕감 그리고 소속 집단과의 동일시를 통하여 얻어지는 사회적 정체성이 그 내용이 된다고 보았다. 기능적 동기는 정보 획득과 공유 및 문제해결을 위한 정보적 가치를 습득하기 위한 것이며 정보추구형 동기라고도 불려진다. 유희적 동기는 단순한 즐거움과 휴식, 기분전환 등의 쾌락적 효용을 얻으려는 욕구를 의미한다(이방형 등, 2013).

소셜미디어 이용동기의 유형에 따른 몰입 간의 관계성은, 실증적 자료가 많지 않아 일반화하기 어려운 단계이다. 사회적 동기의 경우, 이소희, 김승인, 김희연(2013)의 연구 및 배지우와 박정열(2015a)의 연구에서는 높은 수준의 사회적 동기가 몰입을 유도한다는 결과가 나왔지만 고동완 등(2013)의 연구에서는 '관계형성' 으로 명명된 사회적 동기가 몰입에 영향을 미치지 않았다[9]. 기능적 동기의 경우 이소희 등(2013), 고동완 등(2013)의 연구에서는 '사회 정보 및 지식 공유', '개인적 정보 수집'과 같은 동기가 몰입과 관련되는 것으로 나타났다. 유희적 동기는 위에서 기술한 연구 모두에서 몰입과 관련되는 것으로 나타났다.

소셜미디어의 이용동기와 행복 간의 관계를 직접적으로 조사한 연구는 거의 없지만 비교적 근접한 연구로서 이용동기 수준이 높을수록 해당 미디어에 대한 만족감 및 재사용 의도가 높아진다는 연구들이 있다(내가영, 2010;, 문영주, 정철호, 2011). 김봉섭과 박상미(2013)의 연구에서는 사회적 동기(관계유지) 만이 고독감과 유의미하게 부적 상관을 나타내었다. 오은해(2012)는 사회적(관계형), 기능적(정보형), 유희적(유희형) 이용동기 모두 이용자간 상호작용 및 이용자와 미디어간 상호작용을 통해 사용자 만족을 높인다고 보고하였다.

(2) 문제제기

위에서 개관한 연구들을 종합하여 보면 첫째, 소셜미디어 이용 관련 요인들과 이용자 행복간의 관계에 대한 연구가 매우 불충분함을 알 수 있다. 특히 국내의

9) 이때 '몰입'을 측정했던 척도가 내용면에서 차이가 있었음을 부기할 필요가 있다. 배지우와 박정열(2015b)의 연구에서 몰입은 Csikszentmihalyi가 정의한 몰입 개념에 보다 충실한 반면, 고동완 등(2013)의 연구에서의 몰입은 '호기심 유발', '궁금증 자극', '상상력 자극', '흥미로움' 등과 같이 정서적 상태에 치중한 문항들로 구성되었다.

경우 실증적 연구의 숫자가 제한되고 결과도 일관되지 않아 소셜미디어 이용과 행복의 관계성을 추론하기엔 무리가 있는 것으로 보인다.

둘째, 소셜미디어의 이용 행태와 관련된 어떤 속성(지표)이 소셜미디어의 행복과 관련되는지에 대한 체계적 검증이 아직 이루어지지 않았다고 볼 수 있다. 앞서 기술한 연구들에서 이용시간이나 이용기간, 친구 숫자 또는 이용빈도에 대한 이용자의 주관적 평정치같은 속성들은 이용자의 삶의 만족도나 행복감에 영향을 미치지 않거나 특정 조건하에서만 영향을 미치는 등 일관되게 수렴되는 결과를 보이지 못하고 있다.

셋째, 행복의 정의 및 측정 방식에 따라 소셜미디어와 행복의 관계는 매우 다르게 관찰될 수 있다는 점이다. 선행연구들이 행복의 측정변인으로 삶의 만족도나 고독감, 사회적 지지, 전반적 행복감 같은 변수를 채택하고 있는데 어떤 변수를 채택했는지에 따라 소셜미디어와 관련된 효과는 상이하게 나타나고 있다. 최근의 행복과 관련된 연구들은 행복을 많은 긍정정서와 적은 부정정서의 합으로 간주한다. 주관적 안녕감 개념을 제창한 Diener(1984)에 따르면 삶의 만족이란 자신의 삶에 대한 인지적, 평가적 차원에 해당한다. 이 평가적 차원과 정서적 차원이 합쳐져서 행복을 구성한다고 할 수 있다. 고독감이나 사회적 지지 등은 엄밀히 보아 행복의 하위 차원으로 보기는 어렵다. 특히 고독감은 행복과는 독립적 개념으로서 높은 고독감이 반드시 낮은 행복을 의미하지는 않으며 그 역도 마찬가지이다(임아영, 2010).

넷째, 소셜미디어의 이용관련 속성들은 그 자체로 행복에 영향을 줄 수도 있지만 매개변인이나 조절변인의 존재와 역할에 따라 다양한 방식으로 행복과 관계될 수 있다는 점이다. 앞선 연구들은 이용관련 속성들이 행복에 대하여 직접적 영향보다는 매개변인을 통하여 보다 큰 영향을 미칠 수 있음을 시사하고 있다. 소셜미디어에 대한 몰입은 그 중개요인 중 하나로 작용할 가능성이 있다.

그러나 소셜미디어 활동에 있어서도 몰입 행동이 이용자 행복에 긍정적 기능을 할 것인지는 의문의 여지가 있다. 이는 최근 소셜미디어의 부작용과 관련된 연구들과 관련된다. SNS 사용에 따른 과도한 피로감 현상(김경달, 김현주, 배영, 2013; 김명수, 이동주, 2012)이나 스트레스(곽기영, 김효준, 2011), 중독으로 인한 개인 및 사회적 비용의 문제(이상호, 2014)들이 지속적으로 보고되고 있기 때문이다. 또한 사회적으로 가치가 부인되는 대상에 대하여 몰입할 경우, 타인의 동의를 얻지 못함으로써 몰입 체험으로 인해 느끼는 행복 수준이 하향 조절된다는 연구결과도 있다(장훈, 한성열, 2010).

2. 연구방법론

(1) 연구모형 및 가설

본 연구는 선행연구들의 내용과 제한점을 고려하여, 소셜미디어가 이용자 행복에 미치는 영향을 이용동기와 몰입 그리고 행복간의 관계성에서 확인하고자 하였다. 먼저, 소셜미디어의 이용자 관련 속성 중 이용동기 요인과 행복과의 관계성을 검증해 볼 필요가 있다. 특정 행위에 있어 가장 일차적이고 중요한 변인은 이용자 자신이 가지고 있는 욕구(동기)라고 보여진다. 이는 특정 미디어를 이용자가 자신의 삶의 효익과 만족을 위하여 주체적으로 활용한다는 이용충족이론에서도 강력히 지지하는 내용이다. 더구나 최근의 인터넷 및 모바일 환경에서는 소셜미디어의 종류가 매우 다양하고 그 이용방식에 있어 본인의 자발적이고 능동적인 의지 및 실행 행위(특정 프로그램의 설치, 등록, 설정 등)가 필수적이라 할 수 있다. 이는 과거 미디어 환경에 비해 이용자 자신의 동기가 이용자가 성취하는 행복 정도에 결정적으로 영향을 미치는 요인으로 작용함을 의미한다(김남이, 이수범, 2011; Ferguson & Perse, 2000).

또한 본 연구에서는 이용동기의 유형에 따라 몰입 및 행복에 차별적 효과가 발생하는지 탐색하기 위하여 이용동기를 사회적, 기능적, 유희적 동기로 구분하여 분석하기로 한다.

따라서 다음과 같은 가설 설정이 가능하다.

가설 1. 소셜미디어의 이용동기는 이용자 몰입을 정적으로 예측할 것이다.
  가설 1.1. 소셜미디어의 사회적 동기는 이용자 몰입을 정적으로 예측할 것이다.
  가설 1.2. 소셜미디어의 기능적 동기는 이용자 몰입을 정적으로 예측할 것이다.
  가설 1.3. 소셜미디어의 유희적 동기는 이용자 몰입을 정적으로 예측할 것이다.

몰입이론에 따르면 내재적 동기가 강하고 목표의식이 분명할수록 몰입에 도달할 개연성이 높다고 본다. 비록 예외도 있지만 비교적 다수의 선행연구에서 사회적 동기가 몰입을 유도한다는 결과를 얻었으므로(이소희 등, 2013; 배지우, 박정열, 2015a) 본 연구에서도 정적 방향의 예측으로 가설을 수립하기로 하였다. 또한 이용동기를 직접적으로 다루지는 않았지만 온라인 가상 공동체나 커뮤니티, SNS 등을 대상으로 한 연구에서 이용자들의 몰입이 관찰되었었는데(김진화, 변현수, 2004; 박성연, 이순민, 2005; 박윤서, 김용식, 2012; 유일, 최혁라, 2008), 측정되지는 않았지만 이용동기와도 밀접한 관계가 있었을 것으로 보인다.

기능적 동기 역시 상대적으로 다수의 연구에서 몰입을 유발한다는 결과가 있었으나(고동완 등, 2013; 이소희 등, 2013), 연구 숫자가 불충분한 상황임을 감안하여 소셜미디어와 유사한 다른 온라인 활동에서의 결과를 참조하였다. Chen, Wigand, & Nilan(1999)에 따르면 웹 기반의 정보검색 활동이 몰입을 유발시킨다고 하였는데 정보검색은 기능적 동기를 내포한 행동으로 간주될 수 있다.

유희적 동기의 경우 앞서 언급한 모든 연구에서 몰입을 유도하는 것으로 나타났으므로 본 연구에서도 몰입에 대하여 정적인 관계를 예상하였다.

가설 2. 소셜미디어의 이용동기는 이용자 행복을 정적으로 예측할 것이다.
  가설 2.1. 소셜미디어의 사회적 동기는 이용자 행복을 정적으로 예측할 것이다.
  가설 2.2. 소셜미디어의 기능적 동기는 이용자 행복을 정적으로 예측할 것이다.
  가설 2.3. 소셜미디어의 유희적 동기는 이용자 행복을 정적으로 예측할 것이다.

비록 선행연구에서 동기와 행복의 관계성이 일관되게 도출되지는 않았지만, 사회적 이용동기가 만족감이나 고독감 같이 행복과 근접한 구성개념들과 연관성을 나타낸 연구 결과(오은해, 2012; 김봉섭, 박상미, 2012)들을 반영하여 행복과 정적인 관계성을 예측하도록 가설을 수립하였다. 기능적 동기의 경우, 이용만족도와의 관계를 조사한 연구(오은해, 2012; 최도순, 2012), 그리고 즐거움과의 관련성을 조사한 연구(Kim, Shim & Ahn, 2011)의 결과를 참고하였으며, 유희적 동기 역시 행복과 유사한 이용만족감과 지속적 이용 의도를 조사한 연구결과(박종철, 전수정, 이한준, 2011)를 참조하여 행복과 정적 관계성을 갖는 것으로 가설을 수립하였다.

가설 3. 소셜미디어에 대한 몰입은 이용자 행복을 정적으로 예측할 것이다.

최근의 일부 연구들(곽기영, 김효준, 2011; 김경달, 김현주, 배영, 2013; 김희연, 오주현, 2012)에서는 소셜미디어 활동에 대한 지나친 몰입에서 비롯된 삶의 부정적인 영향이 보고되고 있다. 그러나 긍정심리학 분야에서 진행된 다수의 연구들(황농문, 2008; Seligman & Csikszentmihalyi, 2000 등)에서는 몰입이 행복의 선행요인임이 주창되어 왔고 경험적 연구 또한 이를 뒷받침하고 있다. 이에 본 연구에서는 기존 긍정심리학 분야에서의 연구 결과를 바탕으로 몰입이 이용자 행복에 정적인 영향을 미친다는 것을 가정하되, 소셜미디어 활동이라는 특정 상황 하에서 몰입이 이용동기와 이용자 행복과의 관계에서 매개효과를 보이는지를 확인하기 위하여 다음과 같이 가설을 설정하였다.

가설 4. 소셜미디어의 이용동기와 이용자 행복의 관계는 몰입에 의해 매개될 것이다.
- 가설 4.1. 사회적 동기와 이용자 행복의 관계는 몰입에 의해 매개될 것이다.
- 가설 4.2. 기능적 동기와 이용자 행복의 관계는 몰입에 의해 매개될 것이다.
- 가설 4.3. 유희적 동기와 이용자 행복의 관계는 몰입에 의해 매개될 것이다.

이와 같은 논의를 바탕으로 본 연구에서 제안하는 연구모형은 다음과 같다.

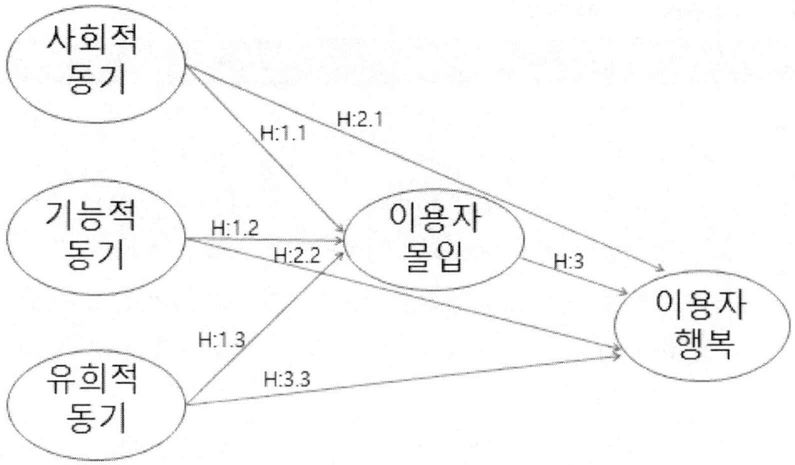

❙그림 2❙ **연구모형**

(2) 연구방법

1) 연구대상 및 절차

본 연구의 자료수집을 위해 인터넷 전문 설문조사 회사에 의뢰하였다. 조사는 사전에 등록된 패널들을 대상으로 스마트폰을 이용한 모바일 조사 방식으로 진행하였다. 사전 스크리닝 절차를 통하여 본 설문 응답자를 선정하였다. 기준은 국내 거주자로서 10대 이상 인구 중, 학력은 고등학교 재학 이상으로서 주요 소셜미디어를 최근 6개월간 매주 2회 이상 사용했던 사람으로 한정하되 불성실한 응답의 설문 자료는 삭제하는 방식으로 최종 314명이 될 때까지 표집하였다. 전체 314명의 응답자는 남성 142명(45%), 여성 172명(55%), 연령층별로는 각각 10대 62명(약 20%), 20대 83명(약 26%), 30대 67명(약 21%), 40대 이상 102명(약 33%)으로 구성되었다. 응답자들이 사용하는 소셜미디어는 페이스북, 카카오스토리, 카카오톡 그룹채팅, 라인, 트위터, 블로그 등으로 다양하였고 웹 또는 모바일 버전 모두 포함하였다. 소셜미디어 종류에 따른 측정 변수들의 통계적 차이는 없었다(표 4 참고).

| 표 4 | 조사대상자의 인구통계학적 특성

		빈도	비율			빈도	비율
성별	남	142	45.2	거주지	서울	130	41.4
	여	172	54.8		인천/경기	88	28.0
연령	10대	62	19.7		대전/충북/충남	17	5.4
	20대	83	26.4		대구/경북	20	6.4
	30대	67	21.3		부산/경남	39	12.4
	40대 이상	102	32.5		광주/전북/전남	13	4.1
이용하는 소셜미디어 (중복선택)	페이스북	218	23.4		강원/제주/기타	7	2.2
	트위터	89	9.5	일주일간 사용시간	1시간 이하	25	8.0
	카카오톡 그룹채팅	215	23.1		1시간-3시간	62	19.7
	카카오스토리	204	21.9		3시간-5시간	62	19.7
	네이버 밴드	113	12.1		5시간-7시간	43	13.7
	싸이월드	78	8.4		7시간-9시간	32	10.2
	기타	15	1.6		9시간-11시간	10	3.2
직업	고등학생	48	15.3		11시간-13시간	11	3.5
	대학/대학원생	57	18.2		13시간-15시간	24	7.6
	사무기술관리직	86	27.4		15시간 이상	45	14.3
	자유/전문직/기타	123	39.2				

2) 측정도구

(가) 소셜미디어 이용자 동기

이용자 동기의 하위 차원인 사회적 동기, 기능적 동기, 유희적 동기를 측정하기 위하여 이방형 등(2013)의 연구에서 제시한 차원 분석 모형을 참고하고, 오은해(2012)의 연구에서 사용된 문항을 본 연구 목적에 맞도록 일부 수정하여 사용하였다. 사회적 동기를 묻는 문항들은 '(나는 소셜미디어를) 조언이나 정보가 필요한 다른 사람들을 돕기 위해 이용한다', '내 존재를 다른 사람들에게 인정받기 위해 이용한다', '비슷한 관심사와 성향의 사람들을 만나기 위해 이용한다', '내

의견을 다른 사람에게 전달하기 위해 이용한다' 등 4개 문항이며 기능적 동기를 측정하는 문항들은 '필요한 정보나 콘텐츠를 찾기 위해 이용한다', '새로운 정보나 콘텐츠를 찾기 위해 이용한다', '생활이나 업무에 도움이 되고자 이용한다', '다른 사람들로부터 다양한 정보를 얻기 위해 이용한다' 등 4개 문항, 유희적 기능을 묻는 문항들은 '심심해서 시간을 때우기 위해 이용한다', '재미있는 것을 찾아보기 위해 이용한다', '흥미를 느끼기 위해서 이용한다', '기분전환이 필요할 때 이용한다' 등 4개 문항으로 총 12개의 문항이 사용되었다. 모든 문항들은 리커트 7점 척도(1: 전혀 그렇지 않다 ~ 7: 매우 그렇다)를 사용하여 측정되었다. 본 연구에서 각 차원의 문항들간 내적 일치도을 나타내는 Cronbach alpha 계수는 사회적 동기 척도가 .82, 기능적 동기 척도는 .87, 유희적 동기 척도는 .92였다.

(나) 소셜미디어 이용자 몰입

박윤서와 김용식(2011), 박성연과 이순민(2005), 장정무, 김종욱, 및 김태웅(2004)과 같은 선행연구에서 사용된 이용자 몰입(Flow)를 측정한 문항들을 수집하여 중복되는 내용을 압축하고 문항의 내용을 본 연구에 맞도록 일부 수정하여(예: '나는 무선인터넷을 사용하는 동안 내 주변 일에 대해 잊어버리곤 한다"를 "나는 소셜미디어를 이용하는 동안 내 주변 일에 대해 잊어버리곤 한다"로 수정) 총 4개 문항을 사용하였다. 문항들은 "소셜미디어를 이용하는 과정에서 주위의 다른 사건을 인식하지 못한 채 강하게 열중한다', '소셜미디어를 이용하면, 어느새 나도 모르게 처음에 의도했던 사용시간을 넘기기가 일쑤이다', '소셜미디어를 이용하는 동안 실제 세계보다는 가상의 세계에 있는 것처럼 느껴진 적이 있다', '소셜미디어를 이용하는 동안 내 주변 일에 대해 잊어버리곤 한다' 등이다. 모든 문항들은 리커트 7점 척도(1: 전혀 그렇지 않다 ~ 7: 매우 그렇다)를 사용하여 측정되었다. 총 문항의 Cronbach alpha 계수는 .89 였다.

(다) 소셜미디어 이용자 행복

서은국과 구재선(2011)의 단축형 행복 척도(COMOSWB)를 본 연구의 목적에 맞도록 미세하게 수정하여 사용하였다(예컨대, '다음은 지난 한 달 동안 *소셜미디어를 이용하면서* 귀하가 경험한 감정을 묻는 질문입니다. 지난 한 달 동안 소셜미디어를 통하여 무엇을 하였는지, 어떤 경험을 했는지를 생각해 주십시오'와 같은 기술에서 이텔릭체 부분만 첨가). COMOSWB는 Diener(1984)의 주관적 안녕감의 세 요소, 즉 삶의 만족과 긍정 정서 경험, 부정 정서 경험을 모두 포함하면서도 개인적 측면에 대한 만족뿐만 아니라 한국인의 삶의 만족도에 특징적으로 의미있게 관련되는 관계적 측면, 집단적 측면에서의 만족도를 묻는 문항을 추가함으로써 전체적으로 균형잡힌 총체적인 삶의 만족을 측정하도록 고안되었다. 따라서 총 문항은 3개의 긍정 정서 형용사('즐거운', '행복한', '편안한'), 3개의 부정 정서 형용사('짜증나는', '부정적인', '무기력한'), 그리고 총체적 삶의 만족을 묻는 3개 문항('소셜미디어 활동이 나에게 삶의 개인적 측면에 있어 도움을 주었다', '삶의 관계적 측면에 있어 도움을 주었다', '삶의 집단적 측면에 있어 도움을 주었다')으로 총 9개의 문항으로 구성되었다. 모든 문항들은 리커트 7점 척도(1: 전혀 그렇지 않다 ~ 7: 매우 그렇다)를 사용하여 측정되었다. Cronbach alpha 계수는 긍정 정서 문항들이 .86, 부정 정서 문항들이 .81, 총체적 삶의 만족 문항들이 .85로 나타났다.

3) 자료분석

우선 연구대상자의 일반적 특징을 파악하기 위해 평균, 빈도분석 등 기술통계와 탐색적 요인분석을 실시하였다. 또한 인구통계학적 변인과 소셜미디어 이용시간, 종류가 이용자 몰입 및 행복과 같은 종속변인에 영향을 미쳤는지 확인하게 위하여 위계적 회귀분석을 실시하였다. 다음으로 측정문항의 신뢰도를 구하기 위해 Cronbach alpha 계수를 산출하고 각 변수들간의 관련성을 파악하기 위하여 상관관계분석을 하였다.

측정모형 및 연구모형의 적합도를 확인하고 이용자 동기와 행복간의 관계에서 몰입의 매개효과가 유의한지 검정하기 위하여 AMOS 22.0 버전을 이용하였다. 또한 변수의 첨도, 왜도값을 고려하여 정규분포 가정의 충족성을 판단하여 최대 우도추정방법(ML: Maximum Likelihood)을 적용하였다.

모형의 적합도를 평가함에 있어서 X^2 검증의 경우 표본크기에 민감하여 표본이 커질수록 영가설을 기각할 확률이 높아지는 경향이 있어서 모형 자체에 대한 평가가 제대로 이루어지기 어렵다(김주환, 김민규, 홍세희, 2009)는 견해에 따라 절대 적합지수인 X^2 값 이외에 CFI, TLI, IFI, RMSEA 지수를 종합하여 모형의 적합도를 평가하였다. 적합도 평가기준으로서, X^2가 p〉.05로서 유의하지 않으면서 CFI, TLI 수치가 .90 이상일 경우 좋은 적합도로 간주할 수 있고 (Bentler, 1990), RMSEA는 .05이하일 때 좋은 적합도, 08이하일 때 양호한 적합도, .08~.10이면 보통의 적합도라고 볼 수 있다(Browne & Cudeck, 1993). 또한 추정된 경로계수는 유의수준 .01을 기준으로 통계적 유의성을 검증하였다.

3. 결과

(1) 모형분석을 위한 기술통계

각 측정변인간 상관계수와 변인들의 평균, 표준편차, 첨도, 왜도를 〈표 5〉에 제시하였다. 이용자 동기들은 사회적 동기와 기능적 동기(r=.53), 사회적 동기와 유희적 ,동기(r=.39), 기능적 동기와 유희적 동기(r=.50)의 각 조합에서 모두 유의미한 상관을 보여주었다. 각 이용자 동기는 또한 이용자 몰입과 이용자 행복과의 관계에서도 유의미한 상관을 보였다. 사회적 동기는 이용자 몰입(r=.48) 및 이용자 행복(r=.42), 기능적 동기는 이용자 몰입(r=.39) 및 이용자 행복(r=.36), 유희적 동기는 이용자 몰입(r=.48) 및 이용자 행복(r=.34)과 각각 유의미한 상관을 나타냈다. 이용자 몰입과 이용자 행복 두 변수간에도 유의미한 상관이 확인되었다(r=.30). 모수 추정을 위한 기준으로서 측정변인들의 왜도(skewness)와 첨도(kurtosis)가 각각 그 절대값이 3과 10을 넘지 않는 범위에 속하기 때문에 본 연구의 표본들로 추정될 수 있는 모수 집단이 정상 분포라는 것을 가정할 수 있으므로(Kline, 2005) 최대우도법을 통해 모형의 적합도를 추정하였다.

| 표 5 | 변인 간 상관, 평균, 표준편차, 첨도, 왜도

	사회적동기	기능적동기	유희적동기	이용자몰입	이용자행복
사회적동기	–				
기능적동기	.53**	–			
유희적동기	.39**	.50**	–		
이용자몰입	.48**	.39**	.48**	–	
이용자행복	.42**	.36**	.34**	.30**	–
평균	4.32	4.60	4.59	3.48	16.40
표준편차	1.17	1.23	1.42	1.47	7.23
첨도	–.195	.057	.137	–.537	.770
왜도	–.323	–.470	–.576	.229	–.186

* p<.05, ** p<.01, *** p<.001

(2) 측정모형 검증

각 측정변수들이 해당 잠재변수들을 타당하게 대변하고 있는지 확인하게 위하여 AMOS 22.0을 이용한 확인적 요인분석을 실시하였다. 사회적 동기, 기능적 동기, 유희적 동기 등 이용자 동기의 하위 세 차원 및 이용자 몰입은 각각 4개의 측정 변수로 구성되었으며, 이용자 행복 요인은 3개의 긍정 정서 형용사, 3개의 부정 정서 형용사, 그리고 각각 개인적, 관계적, 집단적 만족을 묻는 3개의 문항을 포함, 총 9개의 측정변수로 이루어졌다.

측정모형의 적합도를 추정한 결과, X^2(253, N=314)=683.947, p=.000,

X^2/df=2.705, RMR=.051, CFI=.918, TLI=.904, IFI=.918, RMSEA=.073로 나타나, X^2값에 의한 모형의 적합도는 기준에 충족하지 않으나 다른 적합도 지수를 종합하여 판단한 결과 대부분의 적합도 지수가 비교적 충족 기준에 부합하는 것으로 확인되었다(홍세희, 2000; Browne & Cudeck, 1993).

잠재변수에서 측정변수로의 표준화된 요인부하량은 대부분 .60~.92 사이로서 p〈.001 수준에서 유의미하였다. 위의 결과들을 종합하면 총 25개의 문항으로 5개 잠재변수를 구인하는 본 연구의 측정모형은 타당성을 확보한 것으로 볼 수 있다.

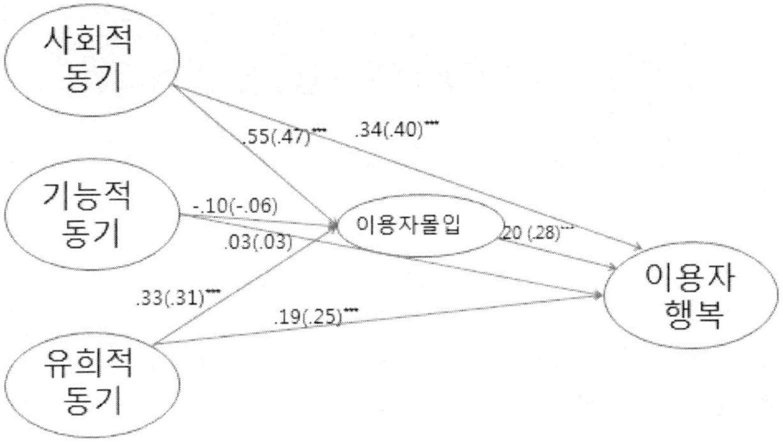

▌그림 3▐ 연구모형 검증결과
( )안은 표준화 경로계수

(3) 연구모형 검증

연구모형을 분석한 결과(그림3 참고), X^2(253, N=314)=643.856, p=.000, X^2/df=2.545, RMR=.050, CFI=.925, TLI=.911, IFI=.926, RMSEA=.070으로, 해당 모형의 적합도 지수가 비교적 양호한 것으로 나타났다(김주환 등, 2009; Browne & Cudeck,, 1993). 사회적 동기와 유희적 동기는 각각 이용자

몰입을 정적으로 유의미하게 예측한 반면(각각 β=.47, p〈.001, β=.31, p〈.001), 기능적 동기는 그렇지 않았다. 이로써 가설 1.1과 1.3은 지지되었으나 1.2는 지지되지 않았다. 또한 사회적 동기와 유희적 동기는 이용자 행복을 정적으로 유의미하게 예측하였으며(각각 β=.40, p〈.001, β=.25, p〈.001), 기능적 동기는 이용자 행복과 유의미한 관련을 보이지 않았다. 이로써 가설 2.1과 2.3은 지지되었으나 2.2는 지지되지 않았다. 한편 소셜미디어에 대한 이용자의 몰입은 이용자 행복을 유의미하게 정적으로 예측한 것으로 나타나(β=.28, p〈.001), 가설 3 역시 지지되었다.

| 표 6 | 주요변인들의 직, 간접효과 및 총효과

경로		직접효과	간접효과	총효과
독립변인	종속변인			
사회적동기	→ 이용자몰입	.474***		.474***
기능적동기	→ 이용자몰입	-.062		-.062
유희적동기	→ 이용자몰입	.305***		.305***
이용자몰입	→ 이용자행복	.278***		.278***
사회적동기	→ 이용자행복	.396***	.132**	.528***
기능적동기	→ 이용자행복	.027	-.017	.010
유희적동기	→ 이용자행복	.245***	.085**	.330***

* p<.05, ** p<.01, *** p<.001

(4) 매개효과의 통계적 유의성 검증

이용자 몰입이 각각 사회적 동기 및 유희적 동기와 행복 간의 관계에서 유의미한 매개효과를 나타내는지 검증하기 위하여 두 개별적 경로에서의 부트스트랩 절차를 실행하였다(표 7). 원자료(N=314)에서 무선 표집으로 5000개의 자료 표본이 모수 추정치에 사용되었고 신뢰구간은 95%로 설정되었다. 사회적 동기와 이용자 행복간의 관계(β=.132, p=.004), 그리고 유희적 동기와 이용자 행복간의 관계(β=.085, p=.003)에서 모두 이용자 몰입의 간접효과가 유의미한 것으로 나타났다. 이로써 가설 4.1과 가설 4.3이 지지되었고 가설 4.2는 지지되지 않았다.

| 표 7 | 개별 매개효과 검증 결과

경로	비표준화 계수	SE	95% 신뢰구간 (Lower-Upper)	p
사회적동기 → 이용자몰입 → 이용자행복	.113	.047	.045-.233	.004**
유희적동기 → 이용자몰입 → 이용자행복	.066	.037	.026-.172	.003**

* p<.05, ** p<.01, *** p<.001

| 표 8 | 연구 1의 가설 검증 결과 종합

가설 목록	검증결과
가설 1.1 소셜미디어의 사회적 동기는 이용자 몰입을 정적으로 예측할 것이다.	채택
가설 1.2 소셜미디어의 기능적 동기는 이용자 몰입을 정적으로 예측할 것이다.	기각
가설 1.3 소셜미디어의 유희적 동기는 이용자 몰입을 정적으로 예측할 것이다.	채택
가설 2.1 소셜미디어의 사회적 동기는 이용자 행복을 정적으로 예측할 것이다.	채택
가설 2.2 소셜미디어의 기능적 동기는 이용자 행복을 정적으로 예측할 것이다.	기각
가설 2.3 소셜미디어의 유희적 동기는 이용자 행복을 정적으로 예측할 것이다.	채택
가설 3 소셜미디어에 대한 몰입은 이용자 행복을 정적으로 예측할 것이다.	채택
가설 4.1 사회적 동기와 이용자 행복의 관계는 몰입에 의해 매개될 것이다.	채택
가설 4.2 기능적 동기와 이용자 행복의 관계는 몰입에 의해 매개될 것이다.	기각
가설 4.3 유희적 동기와 이용자 행복의 관계는 몰입에 의해 매개될 것이다.	채택

4. 결론 및 논의

본 연구는 소셜미디어에 대한 이용동기가 소셜미디어를 사용함에 있어 이용자들이 경험하는 몰입 및 행복과 각각 어떠한 관계성을 갖는지, 그리고 이용자 몰입이 동기와 행복간의 관계에서 매개적 역할을 하는지 규명하고자 하였다. 또한 소셜미디어 이용동기의 유형에 따라 이용자 몰입 및 이용자 행복과의 관계에 있어 서로 동질적 패턴을 나타내는지도 확인하고자 하였다. 본 연구의 주요 결과와 시사점을 정리하면 다음과 같다.

첫째, 이용자 동기의 하위차원 중 사회적 동기와 유희적 동기는 이용자 몰입과 유의미한 정적 관계를 보였으나 기능적 동기 요인은 몰입과 유의미한 관계성을 보이지 않았다. 즉 소셜미디어에 대한 사회적 동기 또는 유희적 동기의 수준이 높을수록 소셜미디어 활동 시 더 높은 수준의 몰입을 체험하는 것으로 나타났으나 기능적 동기에서는 이러한 관계성이 나타나지 않았다.

둘째, 이용자 동기의 하위차원 중 사회적 동기와 유희적 동기는 이용자 행복과 유의미한 정적 관계성을 나타냈으나 기능적 동기 요인은 행복과 유의미하게 관련되지 않았다. 이는 이용자 동기와 몰입 간 관계에서도 동일하게 나타난 패턴이다.

소셜미디어의 사회적 동기가 소셜미디어를 통하여 원활한 관계를 형성하여 사회적 정체성과 심리적 안녕감을 확보하려는 욕구임을 감안한다면, 사회적 동기가 높은 사람일수록 대인교류와 상호작용을 특징으로 하는 소셜미디어의 이용과정에서 더 많은 몰입과 행복감을 느끼는 것은 자연스러운 현상이라고 볼 수 있다. 유희적 동기는 소셜미디어를 통해 즐거움과 휴식, 재미, 기분전환 효과 등을 추구하는 욕구이므로 유희적 동기 수준이 높을수록 소셜미디어 활동에서 성취한 몰입 및 행복감의 수준이 높다는 점 또한 쉽게 수긍할 수 있다. 이러한 결과는 전통적인 이용충족이론 계열의 연구들의 입장, 즉 미디어에 대한 소비자의 주체적 이용 욕구가 적극적인 미디어 이용 활동을 통하여 개인적, 주관적 만족을 이끌어 낸다고 보는 관점과 충실히 부합하는 결과이다(Anandarajan, *et al.*, 2002; Katz, 1973; Kaye, 2005; Taylor *et al.*, 2011). 또한 인터넷 대중화 이후 온라인 커뮤니티나 SNS 이용자에게서 몰입 현상을 보고해 온 다수의 실증적 연구들과도 맥을 같이 한다(고동완 등, 2013; 김정구 등, 2003; 김진화, 변현수, 2004; 배지우, 박정열, 2015a; 이명수 등, 2001).

소셜미디어에 대한 기능적 동기가 몰입 및 행복과 유의미하게 관련되지 않았음은 가설의 바탕이 되었던 선행연구들(고동완 등, 2013; Chen *et al.*, 1999)와 다른 내용으로서 의외의 결과라고 할 수 있다. 더구나 기능적 동기는 사회적 동기 및 유희적 동기와 상당히 높은 수준의 상관을 보이고 있음(각각 r=.53, r=.50)을 고려한다면 더욱더 주의 깊은 해석이 필요하다고 볼 수 있다. 이는 비록 기능적 동기가 다른 두 동기와 상관이 높을지라도, 소셜미디어를 이용하는 내적 과정에서는 상이한 심리적 기제을 일으킬 수 있음을 시사한다.

Csikszentmihalyi는 몰입에 빠지기 쉽도록 하는 특성을 자기목적적 성격(autotelic personality)이라고 지칭한 바 있다. 외부적 보상이나 결과보다 내적 보상, 즉 과제나 행위 수행 그 자체에 보다 관심과 애착을 두는 성향을 의미한다(권석만, 2008). 본 연구에서 사회적 연대에 대한 욕구를 반영하는 사회적 동기나 쾌락과 정신적 이완을 추구하는 유희적 동기는 그 행위과정 자체에 목표가 내재되어 있기 때문에 이러한 동기가 높은 이용자일수록 몰입 상태에 더 쉽게 도달하게 되었을 가능성이 크다. 반면 기능적 동기는 내적 보상과 자기목적성의 특성이 상대적으로 낮기 때문에 몰입으로의 추동력이 충분치 않았던 것으로 해석해 볼 수 있다.

또한 행복과의 관계에서도 높은 사회적 동기 수준을 가진 사람들은 소셜미디어가 지닌 활발한 대인적 피드백과 긍정적 메시지 등으로 인하여 심리적 보상을 더 많이 받을 수 있어 행복감을 느낄 개연성이 더 크다고 볼 수 있다. 유희적 동기 수준이 높은 사람들 역시 낮은 사람들에 비교하여, 이용 과정에서 경험하는 자기표현, 흥미 위주의 대화, 컨텐츠를 통하여 더 쉽게 이완되고 즐거움을 느낌으로써 더 높은 행복감을 경험하는 것으로 보인다.

그러나 기능적 동기에 있어서는, 이 동기의 성격이 자신이 원하는 정보나 지식, 문제 해결책을 구하려는 동인임을 고려할 때 이러한 실용적이고 수단적 성격의 동기가 행복이라는 지극히 내면적이고 실존적 체험과 연결되기는 어려운 것으로 보인다.

소셜미디어가 유발시키는 스트레스에 관한 연구에서도 본 연구 결과 해석에 도움을 주는 내용이 발표된 바 있는데, 소셜미디어 통해 이루어지는 사회적 상호작용은 이용자에게 스트레스를 주지 않았으나 지식공유 행동은 이용자가 경험하는 스트레스에 정적 영향을 주는 것으로 드러났다(곽기영, 김효준; 2011). 지식공유 활동은 일반적으로 그 자체로서 직접적 보상이나 혜택을 수반하는 것이 아니라 이차적 목적을 위해 수행되는 경우가 많다. 또한 지식을 공유하거나 정보를 획득하는 활동은 대개 시간과 주의, 내용적 정확성 확보의 책임감 등 상당한 노력(심리적 비용)을 요구한다. 상대적으로 사회적 상호작용은 그 자체로서 정서적 이완이나 소속감, 사회적 정체성의 확인과 같은 효용을 제공하며 자연스러운 친교 욕구의 표출이므로 이용자들이 자신의 활동에 따르는 심리적 비용을 지각하는 역치가 비교적 높을 것이라 추정할 수 있다. 유사하게 SNS 피로감 요인을 연구한 김경달 등(2013)의 연구에서도 관계적 동기에서보다는 정보적 동기에 따른 이용 시 SNS 피로감이 더 크게 발생하였으며 정보 과부하가 가장 중요한 피로감 발생 요인으로 작용했다. 이들 연구들은 소셜미디어 이용동기 자체의 자기목적성 정도가 소셜미디어 이용자들의 행복감에 매우 중요한 요소임을 간접적으로 지지한다.

셋째, 소셜미디어에 대한 이용자 몰입은 이용자 행복을 유의미하게 정적으로 예측하였다. Seligman이나 Csikszentmihalyi(2000)가 주창한 바처럼, 특정 행동 과정에서의 존재론적 관여(engagement), 의식-행동 일체성 및 자기충족성을 내포하는 몰입 현상이 주관적 행복의 필수 요건임을 상기하면, 이러한 결과는 몰입과 관련된 기존 심리학 이론들과 합치하는 결과이다. 유발된 몰입감은 최고의 긍정적 정서 체험을 허용하고 통제감과 충만감, 확장된 자아감에 도달하도록 이끈다(유영달, 2005)는 점에서 소셜미디어로 인한 몰입 역시 행복감의 고조로 이어진 것으로 보인다.

넷째, 몰입은 소셜미디어에 대한 이용자의 동기와 그들이 체험하는 행복 간의 경로에서 매개역할을 하는 것으로 확인되었다. 사회적 동기나 유희적 동기는 그 자체로 이용자의 행복감에 정적으로 상관되지만 몰입 현상이 양자 간의 관계를 매개함으로써 간접적으로도 행복 경험에 기여함으로써 총효과를 더욱 증폭시키는 결과를 낳았다.

본 연구는 소셜미디어 활동을 이끄는 이용자의 동기의 유형과 수준에 따라서 소셜미디어 이용 행위에서의 몰입과 행복의 정도가 어떻게 관련되는지를 이해하는데 필요한 실증적 자료를 제시하였다는 데 의의가 있다. 특히 다양한 이용자 동기를 성격별로 차원화 하여 사회적 동기와 기능적 동기 그리고 유의적 동기로 환원하였을 때 이들 각각의 몰입과 행복과의 관계를 규명하였고 동기의 유형에 따라 몰입이나 행복에 대하여 차별적 관계성을 보인다는 점을 확인하였다.

사회적 동기나 유희적 동기와 같이 동기의 성격이 그 자체로 자기충족성을 보유한 경우에는 몰입과 행복에 정적으로 연관되지만 기능적 동기와 같이 수단적, 방편적 성격이 강할 경우는 몰입과 행복 정도에 영향을 미치지 않음을 발견하였다. 또한 선행연구들과 유사하게 소셜미디어의 종류나 이용시간과 같은 물리적 변수는 몰입 정도나 행복감에 영향을 미치지 않음을 확인하였다. 이러한 발견이 갖는 함의는 소셜미디어의 이용에 있어 이용자 자신이 갖는 자발적이고 주체적 욕구가 몰입이나 행복 체험을 예측하는 가장 중요한 요인이라는 점이다.

최근 과도한 소셜미디어 사용으로 인한 '디지털 피로감(김명수, 이동주, 2012)' 또는 '소셜 네트워크 스트레스(곽기영, 김효준, 2011; 김경달 등, 2013)' 등을 보고하는 사례가 많아지고 소셜미디어를 통한 원치 않는 대상과의 교류나 사생활 노출, 사적 시간과 휴식을 방해하는 업무의 연장 등이 사회문제로 대두되기에 이르렀다. 소셜미디어로 인해 유발된 부정적 효과들은 대부분 이용자의 자발성과 동기의 자기충족성이 희박할 때 발생할 가능성이 높다고 추정할 수 있다. 향후 소셜미디어의 폐해를 방지하기 위해서는 사용 대상과 경로, 범위 등을 설정함에 있어 이용자 본인이 자신의 욕구와 필요의 성격에 따라 용도와 사용한계 등을 정하고 차별적으로 활동하는 전략이 권고될 수 있을 것이다.

Chapter 04 소셜미디어 이용 동기가 이용자 몰입에 미치는 영향: 사회적 압력의 조절효과(연구 2)

1. 서론

소셜미디어의 강력한 흡인력을 설명하기 위하여 많은 연구들은 소셜미디어 이용 행동을 이용 동기와 관련하여 조사해 왔다. 대체로 Katz(1959)의 이용충족이론에 뿌리를 둔 연구들은 개인이 가진 소셜미디어의 이용 동기들, 즉 정보탐색이나 문제해결, 사회적 관계형성 및 유지, 기타 유희적 목적의 동기들이 직접적으로 소셜미디어의 이용을 유발시킨다고 보고 이를 실증적으로 증명하였다(김남이, 김수범, 2011; 심성욱, 김문한, 2011; 오은해, 2012). 또한 소셜미디어를 이용하는 동기도 성격에 따라 사회적 동기, 기능적 동기, 유희적 동기 등 몇 가지 차원으로 구분됨을 보고하였다(이방형 등, 2013). 그러나 상대적으로, 개인이 처한 사회적 맥락이 소셜미디어의 이용과 몰입에 어떤 영향을 주는지에 대한 체계적 연구들은 매우 드물다(박찬욱 등, 2013).

소셜미디어 고도화 현상의 원천을 단순히 소셜미디어의 유용성 등에 자극받아 생성된 각 개인의 내적 욕구나 동기에서 찾으려는 시도는 많은 한계를 가지고 있다. 소셜미디어는 새로운 IT 상품 또는 서비스에 그치지 않고 우리 생활의 주요 환경이 되어 가고 있기 때문이다. 개인은 자신의 자발적 의사에 의하여 특정 소셜미디어 서비스를 이용하기도 하지만 오히려 그보다는 자신이 처한 사회적 환경의 요구와 직접적, 암묵적 강요, 집단으로부터 소외를 피하려는 욕구, 모방행동, 동조와 순응을 통한 집단에의 정체성 확보를 위해 소셜미디어를 이용하기도 한다. 개인은 특정 소셜미디어에 참여함으로써 대외적 교류를 위해 필요한 정보를 습득하고 사회적 신호를 주고 받으면서 조직원으로서의 지위를 획득하고 원활한 기능을 수행할 수 있게 되는 것이다.

이미 확장된 기술수용모델(TAM2, TAM3) 및 연계적 연구들은 새로운 정보시스템 또는 하이테크 서비스의 수용에 있어서 수용자 외부변인으로서 사회적 압력 및 타인 이용도와 같은 사회적 영향의 존재를 상정한 바 있다(Anandarajan, *et al.*, 2002; Taylor & Todd, 1995; Vankatesh & Davia, 2000). 또한 뉴미디어 채택 이론에서 통합적 관점을 유지하는 연구들 역시 새로운 정보 미디어의 수용에 있어 주관적 규범, 가시성, 사회적 이미지와 같은 사회적 요인들의 역할을 강조하였다(박종구, 2012; Moore & Benbasat, 1991).

그럼에도 불구하고, 현재까지 소셜미디어 관련 연구에서 사회적 요인이 작용하는 기제에 대한 실증적 연구가 충분히 누적되지 못한 상황이다. 본 연구는 소셜미디어에 대한 이용자 개인의 동기적 요소와 함께 사회적 맥락으로서의 동조 및 정보소외 압박과 같은 사회적 압력 요인을 조명하고, 이용동기가 소셜미디어에 대한 몰입에 어떤 영향을 미치는지, 그리고 그 관계에서 사회적 압력은 어떤 효과를 나타내는지 알아보고자 한다. 아울러 이용동기의 종류에 따라서 이들 관계에 차별성이 나타나는지 확인하고자 한다.

(1) 사회적 압력의 유형

1) 동조압력

동조압력은 소셜미디어의 일반적 이용 행위에 동조할 것인지와 관련하여 이용자에게 지각된 사회적 압력을 의미한다(박찬욱 등, 2013; Aronson, 2008). 주변의 다수 사람들이 새로운 정보기술을 사용한다면, 이것이 곧 사회적 압력으로 작용하여 잠재적 수용자들에게 동조에 대한 압력으로 작용한다(박윤서, 김용식, 2012). 이는 혁신기술의 가시성(Visibility) 효과에 관한 연구들에서도 충분히 함의되어 온 것이다.

2) 정보소외압력

정보소외압력은 특정 소셜미디어에 참여함으로써 그 사회에서 요구하는 여러 정보 교환 행위를 수행하도록 촉구하고 권유하는, 이용자에게 주어진 사회적, 환경적 요구를 가리킨다. 즉 본인이 소속된 집단(또는 준거집단)에서 유통되는 정보로부터 소외될 것에 대해 개인이 주관적으로 지각하는 압박감을 의미한다.

개인이 소속된 직장, 학교, 모임 등과 같은 공적, 사적 사회 조직에서 특정 소셜미디어를 통하여 정보를 공지하고 공유하거나 사교적 메시지를 나누는 관행은 현재 우리 실생활에서 매우 흔히 일어나고 있으며, 개인에게 있어서 그 이용 행동에 동참할 것을 촉구하는 강한 압력으로 작용한다. 대다수의 사람들이 자신 주변의 친구나 동료 조직원, 모임과 같은 단체 구성원들이 특정 소셜미디어를 이용하여 메시지를 송수신하고 활동한다는 사실 때문에 또는 그들의 권유에 의하여 소셜미디어를 사용하기 시작했음을 확인한 연구들은 정보소외압력의 존재를 강하게 시사하고 있다.

몇몇 연구들은 사회적 정보로부터의 소외에 대하여 주관적으로 지각된 압박감의 효과를 보여주고 있다(김명수, 이동주, 2011; 이방형 등, 2013). 정보소외압력은 특정 소셜미디어 네트워크에 합류하지 않았을 때 본인이 치루어야 할 심리적 비용을 정량화한다.

2. 연구방법론

(1) 연구모형 및 가설

본 책은 소셜미디어 몰입 현상을 견인하는 주요 동인으로 이용자 동기와 사회적 압력 요인을 상정하고 두 가지 변인이 소셜미디어에 대한 이용자 몰입에 어떤 역할을 하는지 알아보고자 한다. 즉 이용동기가 이용자 몰입에 영향을 미치는지, 이 관계에서 사회적 압력 요인은 어떤 작용을 하는지 조사한다. 아울러 이용자 동기의 여러 차원에 따라서 사회적 압력의 효과가 다르게 나타나는지도 확인한다.

본 연구의 연구모형은 〈그림 4〉과 같다. 이용자 동기는 사회적 동기, 기능적 동기, 유희적 동기 3가지 차원으로 구분하였다. 이는 구체적이고 주관적인 다양한 동기들을 근원적 발생 원천에 따라 추상적인 차원으로 환원하는 것이 연구의 효율을 높이고 복잡성을 제거한다는 선행연구(이방형, 2013)의 제안에 따른 것이다.

사회적 동기는 소셜미디어를 통하여 사회적 관계 및 자본을 획득하고 사회적 정체성과 심리적 안녕을 구하려는 것이다. 기능적 동기는 정보-추구적 동기라고도 할 수 있으며 소셜미디어를 통해 자신에게 필요한 정보나 문제해결 방법, 유익한 컨텐츠, 기타 도움을 받으려는 욕구의 발현이다. 유희적 동기는 소셜미디어를 이용하는 행위 자체에서 즐거움과 쾌감, 재미를 느끼고 기분전환 효과를 얻고자 하는 것이다.

이용충족이론과 통합적 뉴미디어 선택 이론 및 선행한 실증 연구들의 결과를 참조하면, 이용자 동기는 이용 주체의 미디어에 대한 선택과 활용, 결과적 충족감에 대한 욕구를 반영하므로 본 연구에서 소셜미디어의 각 동기들은 소셜미디어 활동 상에서의 상호작용과 만족감을 높임으로써 이용자 몰입을 높이는 방향으로 작용할 것이다.

즉 자신의 효익을 위하여 소셜미디어를 활용하고자 하는 동기가 높을수록 능동적이고 적극적인 자세로 소셜미디어 활동에 임하게 되고 현재 작업에 대한 집중도가 상승할 것이며 통제감과 행위-목적 일체감, 자기충족성이 고양될 것이기 때문이다. 이는 몰입을 유도하는 중요한 요소들이다(권석만, 2008; Csiksentmihalyi, 1977).

본 연구에서는 이러한 선행연구를 근거로 소셜미디어에 대한 이용자 동기와 몰입과의 관계에 대하여 다음과 같은 가설을 설정하였다.

가설 1. 소셜미디어의 이용자 동기는 이용자 몰입에 정적 영향을 미칠 것이다.

가설 1.1. 소셜미디어의 사회적 동기는 이용자 몰입에 정적 영향을 미칠 것이다.
가설 1.2. 소셜미디어의 기능적 동기는 이용자 몰입에 정적 영향을 미칠 것이다.
가설 1.3. 소셜미디어의 유희적 동기는 이용자 몰입에 정적 영향을 미칠 것이다.

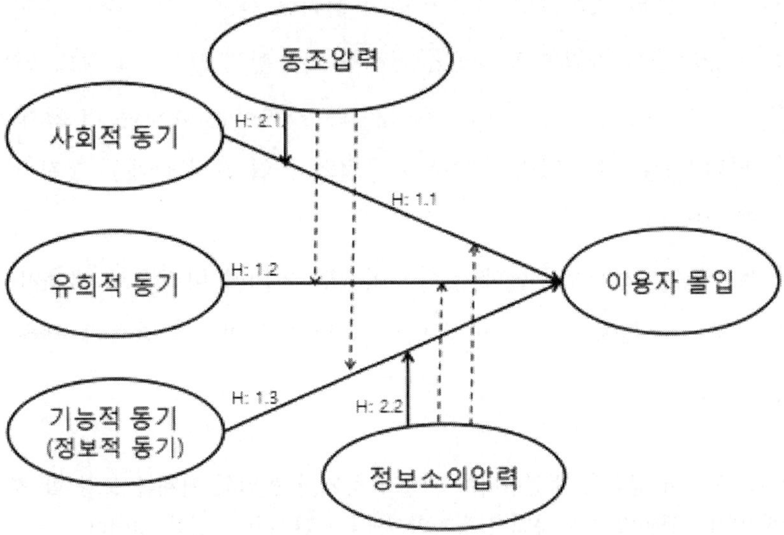

| 그림 4 | 연구모형

소셜미디어에 대한 사회적 동기, 유희적 동기, 기능적 동기는 모두 각자 고유한 성격을 가지고 있기 때문에 동조압력 및 정보소외압력이 소셜미디어의 세 가지 이용자 동기 차원에서 동일하게 작용할 것으로는 보기 어려운 측면이 있다. 동조압력은 소셜미디어의 사회적 동기와 상호작용할 가능성이 크다(박찬욱, 2013; Aronson, 2008). 동조는 자신이 속한 사회의 주요 흐름을 인지하고 그에 따르고자 하는 내면적 추종이며 소셜미디어의 사회적 동기는 소속 집단과의 동일시를 통하여 획득하는 사회적 정체성이 핵심이 된다. 따라서 높은 수준의 동조압력을 받는 사람들의 경우는 그렇지 않은 사람들보다 사회적 동기가 몰입을 유도하는 정도가 더 클 것이라고 추측할 수 있다. 즉 동조압력은 소셜미디어의 사회적 동기와 몰입의 관계를 정적인 방향으로 조절할 것이다.

한편 정보소외압력은 자신이 속한 사회집단에서 특정 소셜미디어에 참여할 것을 직, 간접적으로 요구받는 것이므로 기능적 동기(정보추구적 동기)와 상호작용할 가능성이 크다. 소속된 집단의 목적과 특성에 따라 유통, 공유되는 정보를 습득하고 대응해야 한다는 필요, 그리고 그렇게 하지 않을 경우 유용한 정보로부터 소외될 수 있다는 압박감은 소셜미디어에 대한 사회적 동기나 유희적 동기보다 기능적 동기에서 몰입의 효과를 증진시킬 가능성이 크다. 즉 정보소외압력을 많이 받는 사람일수록 기능적 동기가 몰입에 기여하는 효과는 더 크게 나타날 것이다. 따라서 정보소외압력은 기능적 동기와 몰입 간의 관계를 정적인 방향으로 조절할 것이다.

이에 본 연구는 선행연구들에서 다루어졌던 논의를 바탕으로 이용자 동기가 몰입에 미치는 영향에 있어 사회적 압력의 역할에 대하여 다음과 같은 가설을 설정하였다.

가설 2. 사회적 압력은 소셜미디어 이용자 동기와 몰입의 관계를 조절 할 것이다.
가설 2.1. 동조압력은 사회적 동기와 몰입의 관계를 조절할 것이다.
가설 2.2. 정보소외압력은 기능적 동기와 몰입의 관계를 조절할 것이다.

(2) 연구방법

1) 자료수집 방법 및 조사대상자의 특성

설문은 '오픈서베이' 라는 설문조사 대행업체에게 의뢰하여 2014년 5월 2일부터 약 1주일간 해당 업체에 사전 등록된 패널들 대상으로 스마트폰을 이용한 모바일 조사 방식으로 진행하였다. 먼저 설문의 샘플 문항들을 15개 이내로 선발하여 참가 신청을 받고 스크리닝 절차를 통하여 본 설문 응답자를 선정하였다. 기준은 국내 거주자로서 10대 이상 인구 중, 남녀비율을 50%씩, 연령층은 10대, 20대, 30대, 40대 이상의 비율을 각각 25%씩 조정하였다. 학력은 고졸 이상으로 주요 소셜미디어를 최근 6개월간 매주 2회 이상 사용했던 사람으로 한정하되 불성실한 응답의 설문 자료는 삭제하는 방식으로 최종 250명이 될 때까지 표집하였다. 응답자들이 사용하는 소셜미디어는 페이스북, 카카오스토리, 카카오톡 그룹채팅, 라인, 트위터, 블로그 등으로 다양하였고 소셜미디어 종류에 따른 측정 변수들의 통계적 차이는 없었다. 조사대상자와 관련된 인구통계학적 변수들에 대한 자료는 〈표 9〉와 같다.

┃표 9┃ 조사대상자의 인구통계학적 특성

구분		빈도	비율(%)
성별	남	125	50.0
	여	125	50.0
연령	10대	62	25.0
	20대	63	25.0
	30대	62	25.0
	40대 이상	63	25.0
	서울	66	26.0
거주지	인천/경기	88	35.0
	대전/충북/충남	17	7.0
	대구/경북	20	8.0
	부산/경남	39	16.0
	광주/전북/전남	13	5.0
	강원/제주/기타	7	3.0
직업	중고생	38	15.0
	대학/대학원생	47	19.0
	사무기술직	57	23.0
	자유/전문직	29	11.0
	경영관리직	12	5.0
	공무원	11	4.4
	서비스직	7	3.0
	전업주부	25	10.0
	기타	24	9.6
이용하는 소셜미디어 (중복선택)	페이스북	168	23.1
	트위터	59	8.1
	카카오톡 그룹채팅	161	22.1
	카카오스토리	184	25.3
	밴드	103	14.2
	싸이월드	48	6.6

구분		빈도	비율(%)
	기타	4	0.6
일주일간 사용시간	1시간 미만	25	10.0
	1시간-3시간	42	16.8
	3시간-5시간	42	16.8
	5시간-7시간	19	7.6
	7시간-9시간	32	12.8
	9시간-11시간	10	4.0
	11시간-13시간	11	4.4
	13시간-15시간	24	9.6
	15시간 이상	45	18.0

2) 측정도구

(가) 소셜미디어 이용동기 척도

연구 1에서 사용한 척도와 같으나 연구 1에서 사용한 척도에 이용동기 차원별로 1문항씩을 추가하여 각 차원 당 5개씩 총 15개의 문항이 사용되었다. 각 차원의 문항들간 내적 일치도을 나타내는 Cronbach alpha 계수는 사회적 동기 척도는 .85, 기능적 동기 척도는 .84, 유희적 동기 척도는 .79 이었다.

(나) 소셜미디어 이용자 몰입 척도

연구 1에서 사용한 척도와 같다. Cronbach alpha 계수는 .86 였다.

(다) 소셜미디어의 사회적 압력 척도

사회적 압력은 선행연구에서 사용된 문항들 이외에, 소셜미디어 이용자를 대상으로 한 질적 연구 및 언론자료, 서적 등을 참조하여 추가로 개발하였다. 동조압력과 정보소외압력 각각 총 20여개의 예비 문항군을 3인의 임상심리전문가와 사회심리학자에게 의뢰하여 이론 모형들과의 부합성과 적절성을 평가하도록 하고 각 하위척도 당 평가점이 높은 상위 4개의 문항을 최종 선발하여 8개의 문항으로 구성하였다. Cronbach alpha 계수는 동조압력과 정보소외압력 각각 .87,

88 이었다. 모든 문항들은 리커트 7점 척도(1: 전혀 그렇지 않다 ~ 7: 매우 그렇다)를 사용하여 측정되었다.

3) 측정도구의 타당성 및 신뢰성 분석

본 연구에서 사용된 변수들의 타당성과 내적 일관성을 확인하기 위하여 요인분석과 신뢰도 분석을 실시하였다. 탐색적 요인분석 결과, 사전 설계된 변수들과 추출된 요인들의 개수 및 문항분류가 정확히 일치하였다[표 10]. 모두 6개의 요인이 추출되었고 각 요인들로 분류된 문항들은 사전 설계된 사회적 동기, 유희적 동기, 기능적 동기, 동조압력, 정보소외압력, 이용자 몰입의 문항들과 일치하였다. KMO 지수는 .859로 .001 이하 수준에서 유의미하였으며 추출된 6개의 요인이 설명하는 총분산은 68.869%였다. 모든 문항의 신뢰도 계수는 .79 이상으로서 내적 일관성을 갖춘 것으로 나타났다.

표 10 측정문항의 요인적재치 및 신뢰도

요인	문항	component					
		1	2	3	4	5	6
유희적 동기	흥미를 느끼기 위해서 이용한다.	**.86**	.17	.10	.02	.12	.13
	재미있는 것을 찾아보기 위해 이용한다.	**.86**	.22	.10	-.04	.12	.01
	기분전환이 필요할 때 이용한다.	**.84**	-.01	.05	.03	.17	-.02
	심심해서 시간을 때우기 위해 이용한다.	**.73**	.21	.17	.09	.06	.09
	일상에서 벗어나기 위해 이용한다.	**.50**	.05	.27	.19	.16	.09
기능적 동기	필요한 정보, 콘텐츠를 찾기 위해 이용한다.	.24	**.83**	.03	-.09	.12	.13
	새로운 정보, 콘텐츠를 찾기 위해 이용한다.	.31	**.82**	-.01	-.06	.15	.11
	생활이나 업무에 도움이 되고자 이용한다.	-.03	**.73**	.14	.22	.15	.20
	다른 사람들로부터 다양한 정보를 얻기 위해 이용한다.	.35	**.64**	.04	.13	.06	.12
	내가 처한 문제해결을 위해 이용한다.	-.09	**.63**	.27	.24	.10	.18
몰입	소셜미디어를 이용하는 동안 내 주변 일에 대해 잊어버리곤 한다.	.12	.08	**.87**	.11	.10	.12
	소셜미디어를 이용하는 동안 실제 세계보다는 가상의 세계에 있는 것처럼 느껴진 적이 있다.	.10	.09	**.84**	.01	.04	.20
	소셜미디어를 이용하는 과정에서 주위의 다른 사건을 인식	.10	.07	**.82**	.12	.12	.12

요인	문항	component					
		1	2	3	4	5	6
	하지 못한 채 강하게 열중한다.						
	소셜미디어를 이용하면, 나도 모르게 처음에 의도했던 시간을 넘기기가 일쑤이다.	.27	.12	**.75**	.07	.07	.13
정보소외압력	내가 속한 (직장/학교/모임)은 공지나 정보를 대개 소셜미디어를 통해 전달한다.	.04	.12	-.02	**.86**	.13	.06
	(직장/학교/모임) 사람들과의 많은 대화가 소셜미디어를 통해 이루어질 때가 많다.	.10	.06	.12	**.81**	.24	.13
	소셜미디어를 보지 않으면 (직장/학교/모임)에서의 분위기 파악이 어려울 것이다.	.05	.01	.19	**.75**	.26	.22
	소속된 사회/조직 생활을 위해 소셜미디어 이용이 필요하다.	.03	.14	.10	**.69**	.38	.24
동조압력	가까운 사람들이 쓰고 있기 때문에 나도 소셜미디어를 이용하게 된다.	.15	.10	.13	.25	**.82**	.10
	최근 소셜미디어가 사회적으로 이슈화되고 있기에 나도 사용할 필요가 있을것 같다.	.14	.17	.10	.13	**.78**	.18
	주변 사람들이 소셜미디어를 많이 쓰고 있기에 나도 사용할 필요가 있다고 느낀다.	.16	.17	.09	.36	**.77**	.17
	요즘은 소셜미디어를 쓰는 것이, 쓰지 않는 것보다 자연스러운 일로 생각된다.	.22	.12	.07	.26	**.63**	.15
사회적동기	다른 사람들과 소통하고 관계를 맺기 위해 이용한다.	.09	.07	.27	.06	.11	**.74**
	조언이나 정보가 필요한 다른 사람들을 돕기 위해 이용한다.	.05	.18	.11	.18	.29	**.70**
	내 존재를 다른 사람들에게 인정받기 위해 이용한다.	.11	.38	.17	.04	.01	**.70**
	비슷한 관심사와 성향의 사람들을 만나기 위해 이용한다.	-.13	.29	.19	.19	.08	**.62**
	내 의견을 다른 사람에게 전달하기 위해 이용한다.	.22	-.01	-.02	.27	.25	**.58**
eigen value		8.6	3.0	2.4	2.2	1.2	1.1
변량 %		13.2	11.9	11.7	11.4	10.8	9.9
누적변량 %		13.2	25.1	36.8	48.2	59.0	68.9
Cronbach's α		.79	.84	.86	.88	.87	.85

3. 결과

(1) 연구 변수들에 대한 상관관계 분석

연구 변수들 간의 상관관계를 분석한 결과(표 11), 사회적 동기, 기능적 동기, 유희적 동기, 정보소외압력, 동조압력, 이용자 몰입 등 모든 변수들이 .01 수준에서 서로 유의미한 정적인 상관을 나타내 보였다. 회귀분석에서 문제가 되는 독립변인들 간의 다중공선성에 있어서도 모든 변인들 간의 상관계수가 .80이하로 나타나, 다중공선성에는 특별한 문제가 없는 것으로 판단되었다.

| 표 11 | 연구변수들 간 상관관계 분석

	1	2	3	4	5
1. 사회적 동기	1				
2. 기능적 동기	.46**	1			
3. 유희적 동기	.25**	.37**	1		
4. 동조압력	.45**	.37**	.39**	1	
5. 정보소외압력	.46**	.28**	.19**	.61**	1
6. 이용자 몰입	.53**	.40**	.52**	.32**	.40**

* $p<.05$, ** $p<.01$, *** $p<.001$

(2) 이용자 동기와 몰입의 관계

소셜미디어 이용자 동기의 하위차원인 사회적 동기, 기능적 동기, 유희적 동기가 각각 이용자 몰입에 영향을 미치는지 확인하기 위해 다중회귀분석을 실시하였다(표 12). 종속변인인 이용자 몰입에 대하여 사회적 동기(t=7.200, p〈.001)와 유희적 동기(t=7.435, p〈.001)는 정적으로 유의미한 영향을 미치는 것으로 나타났다. 사회적 동기와 유희적 동기 수준이 높을수록 몰입 수준은 높게 나타났다. 반면 기능적 동기는 몰입 수준에 유의미한 영향을 미치지 않았다(t=1.254, p=.211). 이로써 가설 1.1과 1.3은 지지되었으며 1.2는 지지되지 않았다.

[표 12] 이용자 몰입에 대한 사회적 동기, 기능적 동기, 유희적 동기의 다중회귀 분석

이용자 몰입						
이용자 동기	표준 오차	β	t	유의 확률	공선성 통계량	
					TOL	VIF
상수	.339		-1.764	.079		
사회적동기	.064	.399	7.200***	.000	.779	1.283
기능적동기	.064	.073	1.254	.211	.716	1.397
유희적동기	.055	.394	7.435***	.000	.854	1.171
R^2=.446, 수정된 R^2=.439						
F=62.071, p<.001, Durbin-Watson=1.978						

*** p <.001

(3) 사회적 압력의 조절효과

1) 동조압력의 조절효과

가설 2.1을 검증하기 위한 위계적 회귀분석을 실시하였다. 1단계에서는 소셜미디어 이용자 동기의 각 차원에 해당되는 사회적 동기, 기능적 동기, 유희적 동기를 독립변인으로, 이용자 몰입을 종속변인으로 회귀분석하였다(모형 1). 2단계에서는 이 세 가지 동기와 함께 조절변수인 동조압력을 독립변인 항에 추가하여 회귀분석 하였다(모형 2). 3단계에서는 동기와 동조압력 외에 각 이용자 동기 차원과 동조압력 변인과의 상호작용 항을 각각 투입하였다. 조절효과의 여부는 각 분석에서 3단계의 R^2 변화량의 유의미성을 기준으로 하였다.

〈표 13〉에서 제시된 것처럼, 모형 1의 설명력(R^2)은 유의미하였으나(R^2=.446, p<.001), 조절변수인 동조압력이 독립변수 항으로 포함된 모형 2에서는 R^2 변화량이 통계적으로 유의미하지 않았다. 조절변수와 이용자 동기 각각의 상호작용 항이 추가로 투입된 모형 3에서는 R^2 변화량이 3.2%로 p<.01 수준에서 유의미하였다. 모형 3에서 투입된 변수 중 사회적 동기와 유희적 동기외에, 동조압력과 사회적 동기의 상호작용 항이 유일하게 통계적으로 유의미하였다(t=2.394, p<.05).

상호작용 효과를 해석하기 위하여 사회적 동기와 동조압력을 각각 평균을 중심으로 고, 저 집단으로 나누고 이 두 변인을 독립변인으로 하고 이용자 몰입을 종속변인으로 하는 이원분산분석을 실시하였다.

〈그림 5〉와 같이, 낮은 동조압력 집단에서보다 높은 동조압력 집단에서 사회적 동기와 몰입의 정적 관계가 더욱 강하게 나타났다. 이는 동조압력이 사회적 동기와 몰입의 관계를 조절함을 의미하는 것으로 가설 2.1 또한 지지되었다.

| 표 13 | 이용자 동기와 이용자 몰입 관계에서 동조압력의 조절효과 분석

항목		종속변수: 이용자 몰입					
		모형1		모형2		모형3	
		β	t	β	t	β	t
독립	사회적동기(A1)	.399	7.200***	.381	6.488***	.379	6.574***
	기능적동기(A2)	.073	1.253	.066	1.130	.064	1.111
	유희적동기(A3)	.394	7.435***	.379	6.861***	.373	6.868***
조절	동조압력(B)			.056	.959	.100	1.707
상호작용항	A1 × B					.150	2.394*
	A2 × B					.033	.504
	A3 × B					.026	.480
R^2		.446		.449		.481	
F		62.071***		46.767***		30.037***	
ΔR^2		.446		.002		.032	
ΔF		62.071***		.919		4.712**	

* $p<.05$, ** $p<.01$, *** $p<.001$

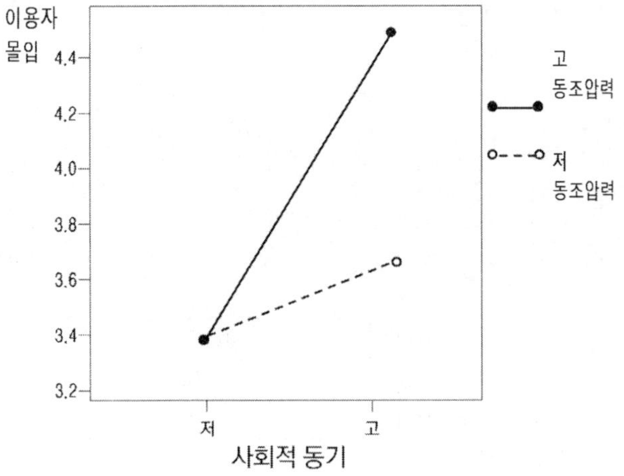

| 그림 5 | 사회적 동기와 이용자 몰입의 관계에서 동조압력의 조절효과

2) 정보소외압력의 조절효과

가설 2.2를 검증하기 위한 위계적 회귀분석을 실시하였다. 1단계에서는 소셜미디어 이용자 동기의 각 차원에 해당되는 사회적 동기, 기능적 동기, 유희적 동기를 독립변인으로, 이용자 몰입을 종속변인으로 회귀분석 하였다(모형 1). 2단계에서는 이 세 가지 동기와 함께 조절변수인 정보소외압력을 독립변인 항에 추가하여 회귀분석을 실행했다(모형 2). 3단계에서는 동기와 정보소외압력 외에 각 이용자 동기 차원과 정보소외압력 변인과의 상호작용 항을 각각 투입하였다. 조절효과의 여부는 조절변수가 포함된 상호작용항이 투입된 3단계에서의 R^2 변화량의 유의미성을 기준으로 하였다.

이때 각 독립변수와 조절변수에 대하여 평균중심화(mean centering) 절차를 수행하였다. 이는 조절 회귀분석시 변수들 간에 존재할 수 있는 다중공선성에 의하여 독립변수와 조절변수 간 상호작용 항의 효과가 왜곡되는 것을 최소화하기 위해서이다.

표 14 이용자 동기와 이용자 몰입 관계에서 정보소외압력의 조절효과 분석

항목		종속변수: 이용자 몰입					
		모형1		모형2		모형3	
		β	t	β	t	β	t
독립	사회적동기(A1)	.399	7.200***	.378	6.312***	.368	6.168***
	기능적동기(A2)	.073	1.253	.069	1.188	.077	1.331
	유희적동기(A3)	.394	7.435***	.361	7.366***	.393	7.583***
조절	정보소외압력(B)			.051	.916	.067	1.186
상호작용항	A1 × B					.048	.859
	A2 × B					.162	2.704**
	A3 × B					.002	-.037
R^2		.446		.448		.482	
F		62.071***		46.731***		30.201***	
ΔR^2		.446		.002		.034	
ΔF		62.071***		.840		4.950**	

* $p<.05$, ** $p<.01$, *** $p<.001$

〈표 14〉에서 제시된 것처럼, 모형 1의 설명력(R^2)은 총 분산의 44.6% 이 통계적으로 유의미하지 않았다. 조절변수와 이용자 동기 각각의 상호작용 항이 추가로 투입된 모형 3에서는 R^2 변화량이 .034, F 변화량이 4.950으로 p〈.01 수준에서 유의미하였다. 모형 3에서 투입된 변수 중 사회적 동기와 유희적 동기를 제외하면 정보소외압력과 기능적 동기의 상호작용 항이 유일하게 통계적으로 유의미하였다(t=2.704, p〈.01).

기능적 동기와 몰입간의 관계에서 나타난 정보소외압력의 조절효과를 해석하기 위하여 몰입을 종속변인으로 하고, 기능적 동기와 정보소외압력을 두 개의 독립변인으로 하는 이원분산분석을 각각 실시하였다. 〈그림 6〉에서 보듯이, 정보소외압력을 받는 정도가 낮은 사람들보다 높은 사람들에서 기능적 동기와 이용자 몰입의 정적 관계가 더 강하게 나타났다. 이는 가설 2.2가 지지되었음을 의미한다.

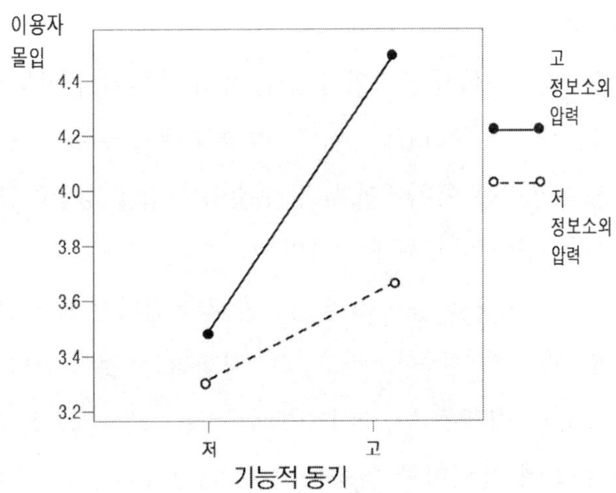

▌그림 6▐ 기능적 동기와 이용자 몰입의 관계에서 정보소외압력의 조절효과

| 표 15 | **연구 2의 가설검증 결과 종합**

가설 목록	검증결과
가설 1.1. 소셜미디어의 사회적 동기는 이용자 몰입을 정적으로 예측할 것이다.	채택
가설 1.2. 소셜미디어의 기능적 동기는 이용자 몰입을 정적으로 예측할 것이다.	기각
가설 1.3. 소셜미디어의 유희적 동기는 이용자 몰입을 정적으로 예측할 것이다.	채택
가설 2.1. 동조압력은 사회적 동기와 몰입의 관계를 조절할 것이다.	채택
가설 2.2. 정보소외압력은 기능적 동기와 몰입의 관계를 조절할 것이다.	채택

4. 결론 및 논의

본 연구의 목적은 소셜미디어에 대한 이용자 동기가 이용자 몰입에 영향을 미치는지 그리고 동조압력 및 정보소외압력과 같은 사회적 영향 요인이 이용자 동기와 몰입의 관계에서 조절적 효과를 나타내는지 알아보기 위한 것이었다. 또한 이러한 사회적 압력의 조절효과가 소셜미디어 이용 동기의 하위차원에서 차별적 형태로 나타나는지도 확인하고자 하였다.

먼저 이용자 동기는 사회적 동기와 유희적 동기 차원에서 이용자 몰입에 정적인 영향을 미치는 것으로 드러났다. 이 두 차원의 동기 수준이 높을수록 이용자는 소셜미디어를 이용하는 행위에서 높은 수준의 몰입을 경험하였다. 이는 새로운 미디어의 선택에 있어 이용자가 각자의 욕구를 실현하고자 하는 능동적 동기를 가지고 있으며 그 이용을 통하여 충족감을 경험한다는 Katz(1959, 1973)의 이용충족이론 및 관련된 실증적 연구들과 부합하는 것이다(박광순, 조명휘, 2004; 오은해, 2013; 정제우 등, 2011; Taylor *et al.*, 2011). 그러나 기능적 동기는 이용자 몰입에 유의미한 영향을 주지 않았다.

소셜미디어에 대한 동조압력은 사회적 동기와 몰입의 관계에서 정적인 방향의 조절효과를 나타냈다. 지각된 동조압력 수준이 높은 사람들에서는 그렇지 않은 사람들에서보다 사회적 동기가 몰입 경험에 더 큰 영향을 미쳤다. 이 결과는 사회적 모방동조 수준이 높을수록 소셜미디어 커뮤니티에 대한 결속력이 높아진다는 박찬욱 등(2012)의 연구나 새로운 혁신기술의 수용에서 가시성(visibility)이 수용자에게 영향을 미친다는 Moore & Benbasat(1991)의 주장 및 관련된 실증적 연구들의 결과와 부합하는 것이다(박윤서, 김용식, 2012;, 정제우 등, 2011). 이는 소셜미디어에 대한 직접적 이용요구가 없더라도, 자신의 소속된 사회의 다수가 사용하고 있다는 인지 자체가 동기와 상호작용하여 이용 행위에서의 몰입도를 심화시킬 수 있다는 것을 의미한다.

소셜미디어가 갖는 사회적 영향력, 즉 유행성, 다수가 쫓는 트렌드, 새로운 통신기술을 적용한 미디어로서의 가치부여 등 소셜미디어라는 대상에 내포된 권위는 개인에게 동조에 대한 자연스런 압력으로 작용하게 된다. 이러한 동조압력은 특히 사회적 동기가 강한 사람에게서 소셜미디어에 대한 심리적 지향성과 접근성을 크게 고조시켜서 높은 수준의 몰입을 유도한 것으로 해석할 수 있다. 사회적 동기는 대외적 관계형성을 통하여 소속감을 충족하고 준거집단과 자신의 동일시를 획득하려는 욕구이다. 사회적 동기가 강한 사람은 자신을 둘러싼 주변 환경의 흐름과 분위기에 더욱 주의를 기울이며 주요한 사회적 신호에 대해서 보다 적극적으로 반응할 것이다. 소셜미디어와 관련한 현상에 대하여 높은 수준의 동조압력을 느끼는 사람일수록 소셜미디어에 대한 사회적 동기가 목적 행위에 대한 주관적 기대와 집중, 도전와 성취 욕구를 보다 강화시킴으로써 더 높은 수준의 몰입 경험을 견인하는 작용을 했을 것으로 보인다.

소셜미디어에 대한 정보소외압력은 기능적 동기와 이용자 몰입의 관계를 조절하였다. 즉 기능적 동기가 몰입에 정적인 영향을 미치는 관계에서 정보소외압력을 많이 느낀 사람일수록 기능적 동기가 몰입에 미치는 영향력이 더 크게 나타났다.

기능적 동기는 소셜미디어를 통해 새로운 정보를 획득하고 공유하며 문제해결 방법을 탐색하고 도움을 구하고자 하는 욕구를 의미한다. 한편 정보소외압력은 준거집단으로부터 정보적으로 소외되는 것을 탈피하도록 개인에게 가해지는 압력이라 할 수 있다. 정보소외압력을 많이 느낄수록 자신이 속한 공, 사적 조직사회로부터 정보적으로 소외되는 것에 대하여 더욱 민감하게 반응하게 될 것이며,

정보소외압력으로부터 상대적으로 자유로운 사람에 비교하여, 소셜미디어의 기능적 동기가 몰입을 유도하는 효과가 훨씬 증대되는 것이라고 해석할 수 있다.

한편 유희적 동기와 몰입의 관계에서는 조절효과가 발견되지 않았음을 언급할 필요가 있다. 이 결과에 대한 가능한 해석은 유희적 동기의 본질적 정의에서 찾을 수 있을 것으로 보인다. 유희적 동기는 기분전환이나 재미, 일상에서의 이탈, 단순 즐거움 등을 추구하기 위해 소셜미디어를 이용하는 경우이다. 사회적 동기나 기능적 동기 차원에서는 이용자가 소셜미디어 이용 행위를 통해서 얻고자 하는 목표, 즉 타인과의 원만하고 밀착된 관계나 유용한 정보, 문제해결방법 등의 궁극적 목표가 별도로 존재한다. 뿐만 아니라, 그 목표들은 내용이나 과정에서의 특성상 다른 사람들과의 상호작용성이 매우 중요하고 필수적이다. 그러나 유희적 동기에 있어서는 소셜미디어를 한다는 행위 그 자체가 목적이며 이면의 또다른 목표를 추구하는 것은 아니다. 때문에 사회적 규범이나 기대가 이용 동기의 구동 및 행위과정에서 의미있는 영향력을 행사하지 않는 것으로 보인다. 소셜미디어 이용자간 상호작용을 조사한 오은해(2013)의 연구에서도 유희형 이용 동기는 관계형(사회적) 및 정보형(기능적) 동기와 달리, 이용자간 상호작용에 유의미한 영향을 미치지 않는 것으로 보고되었다.

본 연구의 의의는 우리 사회에 중요한 생활, 문화적 수단과 환경이 된 소셜미디어가 그에 대한 이용자의 동기 및 사회적 압력 요인과 어떤 방식으로 상호작용하여 이용자의 몰입을 이끌어 내는지 이해하는데 도움이 되는 실증적 분석을 제시하였다는 점이다. 이는 향후 소셜미디어의 과사용이나 중독, 여러 사회적 효익과 부작용을 연구함에 있어 사회적 압력의 존재와 의미에 대한 검토를 유도할 수 있을 것이다.

Chapter 05 성격강점이 소셜미디어 이용자 행복에 미치는 영향 : 이용동기 및 이용자 몰입의 매개효과를 중심으로 (연구 3)

1. 서 론

소셜미디어가 이용자 개인에게 기여하는 삶의 이익(benefit)과 손실(cost)에 대한 논의는 아직 충분히 정리되지 못한 상황이다. 실증적 자료들은 소셜미디어로 인한 긍정적 측면과 역기능적 작용을 모두 보고하고 있다. 특히 소셜미디어로 인해 유발된 불안 및 우울장애, 대인공포 및 기피증, 지나친 자기노출, 중독과 같은 심리적 폐해가 사회 현상으로 부각되면서, 해당 학계뿐만 아니라 범사회적 주목을 받고 있는 실정이다.[10] 미국 정신의학회(APA)는 2014년 시카고 연례 회의에서 셀카를 찍어 소셜미디어 매체에 올리는데 집착함으로써 자존감을 회복하고 친

10) 1. 최근 언론들은 소셜미디어의 부작용에 대한 보도를 활발히 내고 있다. 언론에 의해 '카페인 폐인'이라는 신조어도 유통되고 있다. 카카오톡, 페이스북, 인스타그램에 빠져 살다 폐인이 되었음을 의미한다. 자기 삶의 좋은 측면만 남에게 과시하는데 집착하므로써 자신에 대한 왜곡된 이미지를 사회적으로 전달하려고 하며 그 행위에 중독되는 현상을 말한다. 한편 보는 사람의 경우, 그런 자료들을 접하고 자신의 삶과 비교하면서 상대적 박탈감, 우울증에 빠지는 사례가 임상적으로 크게 늘어나고 있다. 일부 정신의학기관에서는 '카페인 우울증 자가진단검사'도 제작하여 활용하고 있다. 외국에선 'Facebook Depression' 이라는 용어가 사용되고 있다(중앙일보, 2015년 1월 16일자; 2015년 6월 18일자).
2. '라이트 트렌드 2015: 가면을 쓴 사람들'의 저자 김용섭에 따르면 소셜미디어는 확장된 사회공간으로서 기존 사회공간에서 존재하는 사회적 역동, 부작용이 그대로 드러난다. 권력자에 대한 가식적 호의, 관계를 고려한 '좋아요' 대응, 특정인에 대한 암묵적 소외시키기 등이 그것이다. 이로 인한 스트레스와 피로감, 소외감 등은 우울증의 원인이 되기도 한다(경향신문, 2014년 12년 5일자).

밀감을 높이려는 현상을 일종의 정신질환으로 보고 'Selfitis' 라고 명명했다.

그러나 이러한 부작용 역시 소셜미디어의 급속한 전파와 전지구적 파급력이 전제되어 나타난 현상이다. 소셜미디어의 일종인 SNS 사용자만을 기준으로 했을 때 이미 2013년 기준 전세계의 16명 이상이 사용하고 있으며, 페이스북의 경우 2015년 월활동사용자가 14억으로 집계되었다. 이들 중 절반은 매일 접속하고, 4분의 1은 하루에 다섯 번 이상 확인한다(Standage, 2015).

소셜미디어 사용 인구의 급격한 팽창과 개인적 의존도의 심화 현상을 해석하기 위해서는 소셜미디어의 역기능적 측면 못지않게 그러한 깊은 수준의 관여(commitment)를 유발시키는 심리적 메커니즘에 대한 정밀한 분석이 필요하다고 생각된다. 소셜미디어가 이용행위 과정을 통해 이용자 개인 내면에 기여하는 심리적 효용의 존재와 작동방식을 간과하고서는 작금의 현상을 균형 있게 조망하기 어렵기 때문이다. 이때 작용하는 심리 기제에 우선적으로 영향을 주는 요인은 개인의 성격과 이용동기라고 할 수 있다.

인간의 행동을 예측하는 이론 모형으로서 합리적 행동이론(TRA: Theory of Reasoned Action; Ajzen & Fishbein, 1980)이나 이와 연장선상에 있는 확장된 계획적 행동이론(TPB: Theory of Planned Behavior: Ajzen, 1991), 그리고 이를 계승하여 비교적 최근 인간의 다양한 여가행동을 분석하기 위한 관한 이론모형인 Hagga, Chatzisarantis & Harris(2006)의 여가행동참여에 대한 사회-심리 모형에 따르면, 특정 여가행동에 참여하는 개인의 성격 요인이 동기에 영향을 주고, 다시 태도와 참여 의도를 결정하며, 실제적 참여행동 이후 그 경험에 대한 해석이 이루어진다고 볼 수 있다. 소셜미디어 활동을 이 모형에 적용하여 본다면, 소셜미디어 이용자 개인의 주요 성격 특질이 환경적 필요성과 함께 이용동기에 영향을 주고 이용동기는 태도와 이용의사를 유발시키며 실질적 이용행동이 수반된다. 이때 몰입은 행동과정에서의 내적 관여(commitment)에 있어서 그 정도를 반영하는 지표라고 할 수 있다. 또한 이용행동에 대한 주관적 해석으로서 행복감 등의 정서를 체험하게 된다.

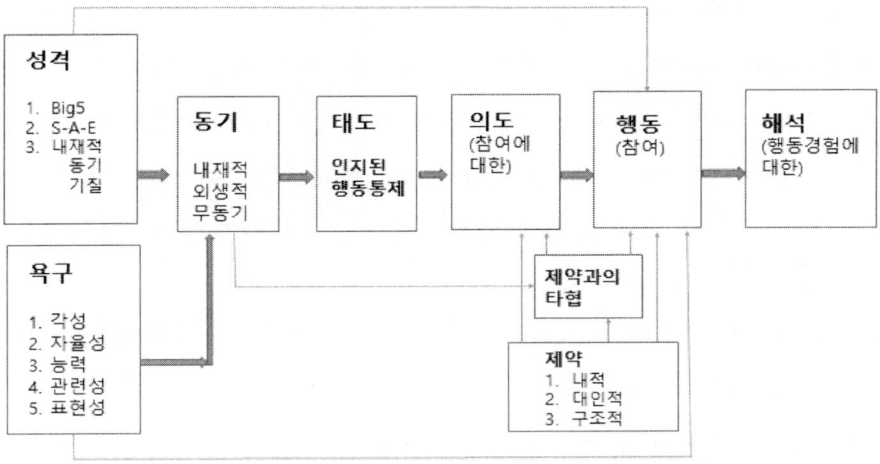

▌그림 7▐ 여가행동에 대한 사회-심리 모형

(Hagga, Chatzisarantis & Harris, 2006)

소셜미디어와 행복간의 관계에 대한 선행연구 결과들이 상충하고 있는 이유 중 하나는 이용자 개인 변수를 전체 연구 프레임에 포함시키지 않았기 때문일 가능성이 크다. 소셜미디어로부터 얻는 이익 또는 부작용은 개인의 성향과 동기에 따라 매우 다른 양상으로 전개될 개연성이 높다. 소셜미디어 활동을 통해 지각된 사회적 지지 및 자존감 수준이 고양됨으로써 심리적 기능성(psychological functionality)이 향상되어 삶의 만족도가 향상되는 경우가 있는 반면, 오히려 지각된 스트레스 수준이 높아지고 자율성보다는 타인의존성이 깊어지며, 자존감이 낮아지고 다시 이를 보상받기 위해 지나친 자기노출이나 왜곡과 같은 행동을 하여 악순환에 빠지는 사례도 있다.

아쉽게도 현재까지 소셜미디어와 행복의 관련성을 탐색한 연구들은 대부분 소셜미디어 이용기간, 이용시간, 이용빈도, 이용량, 친구의 수, 이용강도 등 이용행위과 관련된 속성과 심리적 만족감과 같은 결과적 상태 간의 관계성을 알아보는 데 그치고 있다. 이용주체인 개인의 특성을 고려하지 않고 외현적 이용행태와 관련된 일부 지표만으로 소셜미디어 이용행위의 후행적, 해석적 요인인 행복을 예측하려고 한다면 연구결과를 해석함에 있어 상당한 제약이 따를 수 있다.

본 연구는 행복과 큰 관련성을 갖는 성격강점 요인들이 소셜미디어의 이용동기와 결합하여 이용자 몰입 및 행복과 어떠한 유기적 관계성을 형성하는지 알아보고자 한다. 긍정심리학 이론들은 행복에 기여하는 개인적 특질로서 성격강점이란 개념을 주창한 바 있다(Peterson & Seligman, 2004). 또한 몰입은 특정 조건하에서 체험되는 특수한 주관적 상태경험으로서 개인의 성장과 행복을 이끌어내는 요인으로 제시되어 왔다(Csikszentmihalyi, 1997).

본 연구에서는 기존의 긍정심리학의 프레임을 소셜미디어 이용행동에 적용하여 성격강점 요인이 소셜미디어 이용동기와 몰입, 행복 간의 관계에서 어떤 역할을 하는지 구체적으로 확인해 보고자 한다.

(1) 성격강점

성격강점(character strengths)이란 인간의 사고, 정서 및 행동에 영향을 미치는 특질(trait)로서 인간에게 탁월함과 번영을 제공할 수 있는 긍정적 소양을 의미한다. 즉 인간에게 발전과 최적 기능을 가능하게 하고 행복(좋은 삶)을 영위하는데 도움을 주는 개인적 특성을 의미한다(임영진, 2010; Park, Peterson, & Seligman, 2004). 성격강점은 긴 심리학의 역사 중 긍정심리학이 대두된 2000년 이후부터 비로소 본격적인 관심을 받기 시작하였으며 최근 성격강점이라는 개념을 심리상담 및 코칭, 치료, 교육, 리더십 분야 등에서 활용하고자 하는 욕구가 두드러지게 나타나고 있다(권석만 등, 2010; 임영진, 2012).

Peterson & Seligman(2004)은 성격강점 및 미덕에 관한 VIA 분류 체계(value in action classification of character strengths and virtues)를 통해 총 24개의 성격강점을 제시하였고 이것들을 다시 유사한 항목으로 묶어 6가지 미덕으로 구별하고 있다. 즉 창의성, 호기심, 개방성, 학구열, 지혜는 '지혜 또는 지식'이라는 미덕으로, 사랑, 친절함, 사회지능은 '인간애(humanity)' 또는 '대인적 미덕'으로, 용감성, 인내심, 진실성, 활기는 '용기'라는 미덕으로, 관대함, 겸손, 신중성, 자기조절은 '절제'라는 미덕으로, 시민의식, 공정함, 리더십은 '정의'라는 미덕으로, 심미안, 감사, 낙관성, 유머감각, 영성은 '초월성'이라는 미덕으로 기술되고 있다.

| 표 16 | VIA 분류체계

덕목	성격강점
지혜(지식) (wisdom & knowledge)	창의성(creativity), 호기심(curiosity), 개방성(open-mindedness), 학구열(love of learning), 지혜(wisdom)
인간애 (humanity)	사랑(love), 친절(kindness), 사회지능(social intelligence)
용기 (courage)	용감성(bravery), 끈기(persistence), 진실성(authenticity), 활력(vitality)
절제 (temperance)	관대함(forgiveness), 겸손(modesty), 신중함(prudence), 자기조절(self-regulation)
정의 (justice)	시민의식(citizenship), 공정성(fairness), 리더십(leadership)
초월성 (transcendence)	심미안(appreciation of beauty & excellence), 감사(gratitude), 낙관성(optimism), 유머감각(humor), 영성(spirituality)

출처: 성격강점검사(권석만, 유성진, 임영진, 김지영, 2010)의 내용을 정리.

실제로 성격강점의 측정 도구인 VIA-IS(values in action inventory of strengths), 또는 국내에서 개발된 성격강점검사(권석만 등, 2010)의 검사결과를 요인분석과 같은 실증적 방법론으로 분석해 보면 매 연구마다 위의 VIA 분류체계와는 조금 다르게 요인(강점군)들이 분류되며, 이는 사회나 문화적 차이, 그리고 조사 대상 집단이 가진 고유한 특성에 따라 상이하다. 그럼에도 불구하고 반복, 공통적으로 추출되는 요인들은 '관계적 미덕', '지성적 미덕', '절제적 미덕', '초월적 미덕'으로 명명된 것들이다. 관계적 미덕에 포함되는 강점으로는 사회지능, 유머, 사랑, 친절, 리더십 등이 있으며 지성적 미덕에는 호기심, 창의성, 지혜, 심미안, 학구열이, 절제적 미덕군에는 자기조절, 신중함, 개방성 등이 비교적 일관되게 포함되는 것으로 나타났다(권석만 등, 2010; 임영진, 2012; Peterson, & Seligman, 2004).

2. 연구방법론

(1) 연구모형 및 가설

본 연구는 개개인이 가진 성격강점이 소셜미디어 이용에 대한 동기 및 몰입과 실존적으로 경험하는 이용자로서의 행복에 어떤 영향을 주는지 알아보기 위한 것이다.

1) 관계적 강점-사회적 동기-이용자 몰입-이용자 행복의 관계

성격강점 중 관계적 강점은 사회지능, 유머감각, 사랑, 친절, 리더십의 5가지 성격강점의 합으로 설정하였다. 사회지능은 자신과 타인의 동기나 감정을 잘 파악하고 사회적 상황에서 적절한 행동을 할 수 있는 능력을 의미한다. 유머감각은 타인에게 웃음을 줄 수 있는 능력, 사랑은 친밀하고 다정한 관계유지 능력을, 친절은 이타심과 호의, 리더십은 집단활동의 조직화와 관리능력을 의미한다(권석만 등, 2010; Park, Peterson, & Seligman, 2004).

이 정의에 따르면 관계적 강점은 소셜미디어의 동기 중, 대인적 상호작용을 통해 사회적 관계의 형성과 유지를 추구하려는 사회적 동기를 정적으로 예측할 가능성이 크다. 또한 선행연구에 따르면 사회적 동기는 몰입을, 몰입은 이용자 행복을 정적으로 예측할 것이다(배지우, 박정열, 2015). 따라서, 관계적 강점과 이용자 행복은 사회적 동기와 몰입에 의해 매개될 것으로 추정할 수 있다.

가설 1.1. 성격강점 중 관계적 강점은 소셜미디어의 사회적 동기를 정적으로 예측할 것이다.
가설 1.2. 사회적 동기는 이용자 몰입을 정적으로 예측할 것이다.
가설 1.3. 이용자 몰입은 이용자 행복을 정적으로 예측할 것이다.
가설 1.4. 관계적 강점과 이용자 몰입의 관계는 사회적 동기에 의해 매개될 것이다.
가설 1.5. 관계적 강점과 이용자 행복의 관계는 사회적 동기와 이용자 몰입에 의해 매개될 것이다.

2) 지적 강점-기능적 동기-이용자 몰입-이용자 행복의 관계

성격강점 중 지적 강점은 호기심, 창의성, 지혜, 심미안, 학구열의 5가지 성격강점으로 구성되었다. 호기심은 주변 현상에 대한 흥미와 발견의 욕구를 의미하며, 창의성은 참신하고 생산적 사고 및 행동방식을, 지혜는 통찰력을, 심미안은 아름다움, 수월성에의 추구 및 평가능력을, 학구열은 새로운 기술과 지식에 대한 습득 욕구를 가리킨다(권석만 등, 2010; Park, Peterson, & Seligman, 2004).

지적 강점은 따라서, 소셜미디어의 동기 중, 정보 획득과 공유 및 문제해결을 위한 정보적 가치를 습득하고자 하는 기능적 동기를 정적으로 예측할 가능성이 크다. 또한 사회적 동기와 같이 기능적 동기 또한 몰입을, 몰입은 이용자 행복을 정적으로 예측할 것이다. 또한 지적 강점과 이용자 행복은 기능적 동기와 몰입에 의해 매개될 것으로 추정할 수 있다.

가설 2.1. 성격강점 중 지적 강점은 소셜미디어의 기능적 동기를 정적으로 예측할 것이다.
가설 2.2. 기능적 동기는 이용자 몰입을 정적으로 예측할 것이다.
가설 2.3. 이용자 몰입은 이용자 행복을 정적으로 예측할 것이다.
가설 2.4. 지적 강점과 이용자 몰입의 관계는 기능적 동기에 의해 매개될 것이다.
가설 2.5. 지적 강점과 이용자 행복의 관계는 기능적 동기와 이용자 몰입에 의해 매개될 것이다.

3) 절제적 강점-유희적 동기-이용자 몰입-이용자 행복의 관계

성격강점 중 절제적 강점은 자기조절, 신중함, 개방성의 3가지 성격강점으로 구성되었다. 자기조절은 감정, 욕구, 행동을 적절하게 제어하는 능력을 의미하며, 신중함은 선택을 조심스럽게 하여 불필요한 위험이나 후회의 여지를 방지하는 능력을 가리킨다. 개방성은 비판적 사고력이라고도 지칭하는데 판단이 한쪽 방향으로 편향되지 않고 증거를 중립적으로 참조하며 사고의 균형을 유지하는 능력을 뜻한다(권석만 등, 2010; Park, Peterson, & Seligman, 2004). 절제적 강점은 충동적이거나 감성적인 결정 또는 목적에 부합하지 않는 행동을 통제하면서 사고 및 행동에서의 비판적 태도를 유지하고 균형감, 자기통제력을 얼마나 잘 견지하는지에 대한 지표이다.

절제적 강점의 특성을 고려할 때, 소셜미디어의 동기 중 유희적 동기와 부적인 관련성을 가질 가능성이 크다. 유희적 동기는 소셜미디어를 통해서 어떤 특정 대상, 행위에 대한 집중 및 그로 인한 긴장으로부터 이완과 일탈을 추구하고 특별한 목적 없이 단순한 재미를 추구하려는 욕구를 의미하기 때문이다. 그러나 유희적 동기는 다른 동기와 마찬가지로 이용자의 몰입을 유발하며 몰입은 다시 행복과 정적으로 관련될 것이라고 추측된다. 단순한 흥미, 쾌락 위주의 행동 역시 몰입을 촉진할 수 있기 때문이며 선행연구의 결과 또한 이를 지지하고 있다(배지우, 박정열, 2015). 따라서 절제적 강점과 이용자 행복은 부적으로 연관되고 그 관계는 유희적 동기와 몰입에 의해 매개될 것으로 추정할 수 있다.

가설 3.1. 성격강점 중 절제적 강점은 소셜미디어의 유희적 동기를 부적으로 예측할 것이다.

가설 3.2. 유희적 동기는 이용자 몰입을 정적으로 예측할 것이다.

가설 3.3. 이용자 몰입은 이용자 행복을 정적으로 예측할 것이다.

가설 3.4. 절제적 강점과 이용자 몰입의 관계는 유희적 동기에 의해 매개될 것이다.

가설 3.5. 절제적 강점과 이용자 행복의 관계는 유희적 동기와 이용자 몰입에 의해 매개될 것이다.

(2) 연구방법

1) 연구대상 및 절차

❙표 17❙ 조사대상자의 인구통계학적 특성

항목	분류	빈도(명)	비율(%)	항목	분류	빈도(명)	비율(%)
성별	남	93	47.0	거주지	서울	64	32.0
	여	107	53.0		인천/경기	59	29.5
연령	10대	25	12.5		대전/충북/충남	15	7.5
	20대	67	33.5		대구/경북	18	9.0
	30대	47	23.5		부산/경남	24	12.0
	40대 이상	61	30.5		광주/전북/전남	11	5.5
주로 이용하는 소셜미디어	페이스북	64	32.0		강원/제주/기타	9	4.5
	트위터	9	4.5	이용 빈도	하루 1회 이상	156	78.0
	카카오톡그룹채팅	70	35.0		주 5회 이상	16	8.0
	카카오스토리	21	10.5		주 2회 이상	28	14.0
	밴드	23	11.5	월평균 수입	소득없음	53	26.5
	인스타그램	10	5.0		100만원 미만	14	7.0
	기타	3	1.5		100-200만원	36	18.0
학력	고졸	58	29.0		200-300만원	32	16.0
	대졸	101	50.5		300-400만원	30	15.0
	대학원졸	16	8.0		400-500만원	15	7.5
	기타	25	12.5		500만원 이상	20	10.0
직업	학생	63	31.5				
	회사원/사무직	74	37.0				
	전문직	22	11.0				
	기능직/기타	22	11.0				
	무직	19	9.5				

인터넷 전문 설문조사 업체에 본 연구의 자료수집을 의뢰하였다. 해당 업체에 사전에 등록된 패널들을 대상으로 본 검사 전 스크리닝 절차를 걸쳐 본 연구에 적합한 응답자를 선별하였다. 선별 조건은 국내 거주자로서 15세 이상 인구 중 학력은 고등학교 재학 이상으로서 주요 소셜미디어를 최근 6개월간 매주 2회

이상 사용했던 사람으로 정하였고 응답 시간이 너무 짧거나 너무 긴 경우, 또는 응답지 선택이 특정 문항으로 편중되는 경우, 결측 문항이 있는 경우를 제외시키고 최종 200명이 될 때까지 표집하였다. 전체 응답자 중 남성 93명(47%), 여성 107명(53%), 연령층별로는 각각 10대 25명(약 12.5%), 20대 67명(약 33.5%), 30대 47명(약 23.5%), 40대 이상 61명(약 30.5%)으로 구성되었다. 응답자들이 주로 사용하는 소셜미디어는 페이스북, 카카오스토리, 인스타그램, 트위터, 카카오톡 그룹채팅, 라인, 블로그 등으로 다양하였고(중복 선택 허용) 웹 또는 모바일 버전 모두 포함하였다. 소셜미디어 종류에 따른 측정 변수들의 통계적 차이는 없었다.

2) 측정도구

(가) 성격강점

권석만, 유성진, 임영진, 김지영(2010)이 개발한 성격강점검사의 일부 항목을 이용하였다. 이 검사는 Peterson & Seligman(2004)의 VIA(value in action classification of character strengths and virtues) 분류체계에 근거하여 개발된 것으로 24개의 성격강점을 한 강점 당 각각 10개의 문항으로 측정하도록 구성되어 있다. 본 연구에서는 모든 강점을 측정하는 것이 연구 목적에 비추어 적합하지 않다고 판단되어 원래의 성격강점검사를 사용한 국내의 실증적 연구들에서 반복 추출된 요인들 중 '관계적 미덕', '지적 미덕', '절제적 미덕' 요인을 공통적으로 구성하는 하위 강점 13종만을 선택하여 본 연구에 적용하였다. 즉 관계적 미덕에 속하는 강점들로서 사회지능, 유머, 사랑, 친절, 리더쉽, 지성적 미덕에 속하는 강점들인 호기심, 창의성, 지혜, 심미안, 학구열, 그리고 절제적 미덕에 해당되는 강점인 자기조절, 신중함, 개방성 등 총 13가지의 성격강점을 측정하는 문항들로 구성된 검사지를 만들어 실시하였다. 각각의 강점을 재는 문항들의 내적일치도를 나타내는 Cronbach alpha 계수는 〈표 18〉와 같다.

(나) 소셜미디어 이용자 동기

연구 2에서와 동일한 척도를 사용하였다. 본 연구에서 각 차원의 문항들간 내적일치도를 나타내는 Cronbach alpha 계수는 사회적 동기 척도가 .83, 기능적 동기 척도는 .85, 유희적 동기 척도는 .87 이였다.

(다) 소셜미디어 이용자 몰입

연구 1에서와 동일한 척도를 사용하였다. 총 문항의 Cronbach alpha 계수는 .89 였다.

(라) 소셜미디어 이용자 행복

연구 1에서와 동일한 척도를 사용하였다. Cronbach alpha 계수는 긍정 정서 문항들이 .86, 부정 정서 문항들이 .88, 총체적 삶의 만족 문항들이 .87로 나타났다.

| 표 18 | 성격강점 변인들의 내적일치도

관계적 강점		지적 강점		절제적 강점	
성격강점	Cronbach alpha	성격강점	Cronbach alpha	성격강점	Cronbach alpha
사회지능	.80	호기심	.73	자기조절	.65
유머	.87	창의성	.74	신중함	.75
사랑	.78	지혜	.78	개방성	.77
친절	.77	심미안	.79		
리더쉽	.82	학구열	.77		

3. 결과

(1) 모형분석을 위한 기술통계

표 19 변인 간 상관, 평균, 표준편차, 첨도, 왜도

	관계적 강점	지적강점	절제적 강점	사회적 동기	기능적 동기	유희적 동기	이용자 몰입	이용자 행복
관계적강점								
지적강점	.81**							
절제적강점	.69**	.31**						
사회적동기	.34**	.29**	.30**					
기능적동기	.32**	.34**	.33**	.49**				
유희적동기	.34**	.33**	.23**	.40**	.51**			
이용자몰입	.25**	.27**	.13	.49**	.47**	.59**		
이용자행복	.31**	.28**	.26**	.55**	.45**	.38**	.44**	
평균	14.8	14.2	9.7	21.6	23.0	23.3	17.3	17.5
표준편차	11.15	10.5	6.22	5.70	5.57	6.14	6.34	6.98
첨도	-.17	-.33	-.38	.34	.68	-.05	-.17	.066
왜도	.70	.65	.43	-.39	-.64	-.44	.70	-.029

* $p<.05$, ** $p<.01$, *** $p<.001$

각 측정변인간 상관계수와 변인들의 평균, 표준편차, 첨도, 왜도를 표 3에 제시하였다. 성격강점의 세 차원들은 서로 높은 상관을 보여주었다. 관계적 강점과 지적 강점은 .81로 가장 높은 상관을 보였고, 관계적 강점과 절제적 강점은 .69, 지적 강점과 절제적 강점은 .31의 상관을 보였다. 이용자 동기들은 사회적 동기와 기능적 동기(r=.49), 사회적 동기와 유희적 동기(r=.40), 기능적 동기와 유희적 동기(r=.51)의 각 조합에서 모두 유의미한 상관을 보여주었다. 각 이용자 동기는 또한 이용자 몰입 및 이용자 행복과의 관계에서도 유의미한 상관을 보였다(r=.38~r=.59). 모수 추정을 위한 기준으로서 측정변인들의 왜도(skewness)와 첨도(kurtosis)가 각각 그 절대값이 3과 10을 넘지 않는 범위에 속하기 때문에 본 연구의 표본들로 추정될 수 있는 모수 집단이 정상 분포라는 것을 가정할 수 있으므로(Kline, 2005), 최대우도법을 통해 모형의 적합도를 추정하였다.

(2) 연구모형 검증

연구모형 1을 분석한 결과, X^2(178, N=200)=400.393, p=.000, X^2/df=2.249, RMR=.063, CFI=.924, TLI=.910, IFI=.925, RMSEA=.079로 나타나 RMR 값이 .05보다 다소 크지만 전반적으로 해당 모형의 적합도 지수가 양호한 것으로 나타났다(김주환 등, 2009; Browne & Cudeck, 1993).

관계적 강점은 사회적 동기 및 이용자 행복을 정적으로 유의하게 예측하였고(각각 β=.39, p<.001, β=.14, p=.021), 사회적 동기는 이용자 몰입과 이용자 행복을 정적으로 유의하게 예측하였다(β=.54, p<.001, β=.51, p<.001). 이로써 가설 1.1과 1.2가 지지되었다. 또한 이용자 몰입은 이용자 행복을 정적으로 유의하게 예측함으로써(β=.28, p<.001) 가설 1.3이 지지되었다(그림 8 참고).

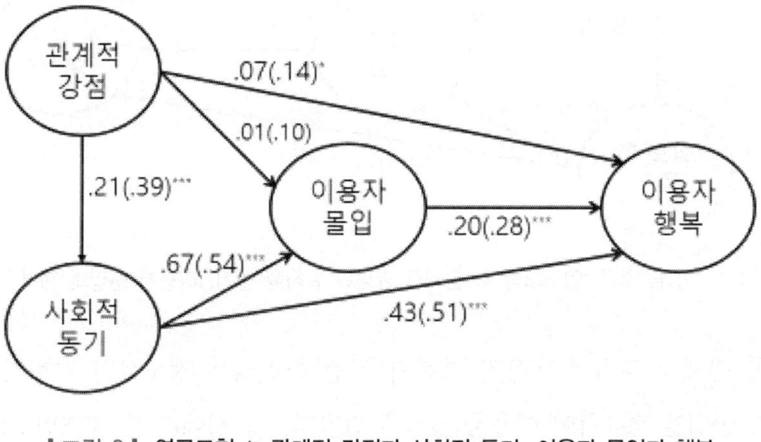

┃그림 8┃ 연구모형 1: 관계적 강점과 사회적 동기, 이용자 몰입과 행복

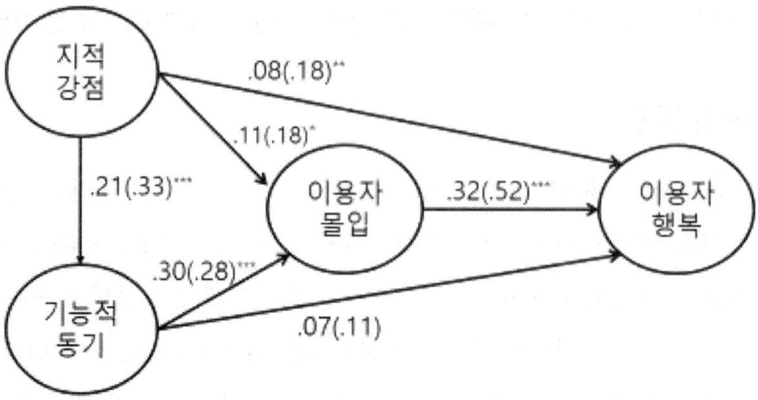

▎그림 9▎ 연구모형 2: 지적 강점과 기능적 동기, 이용자 몰입과 행복

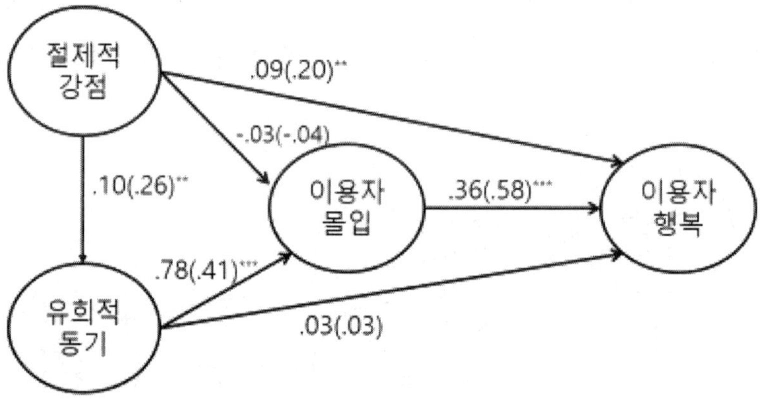

▎그림 10▎ 연구모형 3: 절제적 강점과 유희적 동기, 이용자 몰입과 행복

또한 관계적 강점이 이용자 행복과 직접 관련되는 정도보다 사회적 동기 및 이용자 몰입을 경유하여 이용자 행복에 연결되는 과정에서 두 매개변수의 역할이 반영된 총효과의 크기가 훨씬 커지는 것으로 드러났다(각각 β 값이 .14와 .40).

연구모형 2를 분석한 결과, X^2(172, N=200)=346.469, p=.000, X^2/df=2.014, RMR=.083, CFI=.943, TLI=.931, IFI=.944, RMSEA=.071로 나타나

RMR 값이 .05보다 크지만 전반적으로 해당 모형의 적합도 지수가 양호한 것으로 나타났다. 지적 강점은 기능적 동기, 이용자 몰입 및 이용자 행복을 정적으로 유의하게 예측하였고(각각 β=.33, p〈.001, β=.18, p〈.05, β=.18, p〈.01), 기능적 동기는 이용자 몰입을 정적으로 유의하게 예측하였다(β=.28, p〈.001). 이로써 가설 2.1과 2.2이 지지되었다. 또한 이용자 몰입은 이용자 행복을 정적으로 유의하게 예측하여(β=.52, p〈.001) 가설 2.3이 지지되었다(그림 9 참고).

| 표 20 | 주요 변인들의 직, 간접 효과 및 총효과

경로		직접효과	간접효과	총효과
독립변인	종속변인			
연구모형 1				
관계적강점 →	사회적동기	.388***		.388***
관계적강점 →	이용자몰입	.012	.211**	.223**
관계적강점 →	이용자행복	.143*	.260**	.403***
사회적동기 →	이용자몰입	.544***		.544***
사회적동기 →	이용자행복	.507***	.153**	.660***
이용자몰입 →	이용자행복	.282***		.282***
연구모형 2				
지적강점 →	기능적동기	.330***		.330***
지적강점 →	이용자몰입	.159*	.091**	.250**
지적강점 →	이용자행복	.184**	.166**	.349***
기능적동기 →	이용자몰입	.276***		.276***
기능적동기 →	이용자행복	.110	.143**	.253**
이용자몰입 →	이용자행복	.517***		.517***
연구모형 3				
절제적강점 →	유희적동기	.256**		.256**
절제적강점 →	이용자몰입	-.036	.105**	.069
절제적강점 →	이용자행복	.202**	.047	.250**
유희적동기 →	이용자몰입	.411***		.411**
유희적동기 →	이용자행복	.028	.239**	.267**
이용자몰입 →	이용자행복	.582***		.582***

* p<.05, ** p<.01, *** p<.001

또한 연구모형 1에서와 마찬가지로, 지적 강점이 이용자 행복에 직접 영향을 주는 정도보다 기능적 동기 및 이용자 몰입을 경유하여 이용자 행복에 연결되는 과정에서 이 두 매개변수들의 간접효과가 포함된 총효과가 더 큰 것으로 드러났다(각각 β 값이 .18와 .35).

연구모형 3을 분석한 결과, $X^2(135,\ N=200)=336.166$, $p=.000$, $X^2/df=2.490$, RMR=.066, CFI=.929, TLI=.909, IFI=.929, RMSEA=.087로 나타나, 해당 모형의 적합도 지수가 전반적으로 비교적 양호한 것으로 판단되었다. 절제적 강점은 유희적 동기를 정적으로 유의하게 예측하였다($\beta=.26$, $p<.01$). 이로써, 가설 3.1이 기각되었다. 또한 유희적 동기는 이용자 몰입을 정적으로 유의하게 예측함으로써($\beta=.41$, $p<.001$) 가설 3.2가 지지되었다. 또한 이용자 몰입은 이용자 행복을 정적으로 유의하게 예측하여($\beta=.58$, $p<.001$) 가설 3.3이 지지되었다(그림 10 참고).

(3) 매개효과의 통계적 유의성 검증

각 성격강점 차원과 이용자 몰입 및 이용자 행복 간의 관계에서 각각 대응하는 이용자 동기 요인 및 이용자 몰입 요인이 유의미한 매개효과를 나타내는지 검증하기 위하여 개별적 경로에서의 부트스트랩 절차를 실행하였다(표 21 참고). 원자료($N=200$)에서 무선 표집으로 500개의 자료 표본이 모수 추정치에 사용되었고 신뢰구간은 95%로 설정되었다.

관계적 강점과 이용자 몰입간의 관계에서는 사회적 동기의 간접효과가 유의미하였고($\beta=.21$, $p=.003$), 관계적 강점과 이용자 행복 간의 관계에서 사회적 동기와 이용자 몰입의 간접효과가 유의미하였다($\beta=.26$, $p=.005$). 이로써 가설 1.4와 1.5가 지지되었다. 또한 사회적 동기와 이용자 행복 간의 관계에서는 이용자 몰입의 간접효과가 유의미하였다($\beta=.15$, $p=.005$).

지적 강점과 이용자 몰입간의 관계에서는 기능적 동기의 간접효과가 유의미하였고($\beta=.09$, $p=.003$), 지적 강점과 이용자 행복 간의 관계에서는 기능적 동기와 이용자 몰입의 간접효과가 유의미하였다(β=.17, p=.004). 이로써 가설 2.4와 2.5가 지지되었다. 또한 기능적 동기와 이용자 행복 간의 관계에서는 이용자 몰입의 간접효과가 유의미하였다(β=.14, p=.003).

절제적 강점과 이용자 몰입간의 관계에서 역시 유희적 동기의 간접효과가 유의미하였으므로(β=.11, p=.002) 가설 3.4가 지지되었다. 또한 절제적 강점과 이용자 행복 간의 관계에서는 유희적 동기와 이용자 몰입의 간접효과가 유의미하였으므로(β=.05, p=.003) 가설 3.5가 지지되었다. 유희적 동기와 이용자 행복 간의 관계에서는 이용자 몰입의 간접효과는 유의미하게 나타났다(β=.24, p=.003).

▌표 21▐ 개별 매개효과 검증 결과

경로	비표준화 계수	SE	95%신뢰구간 (Lower-Upper)	p
연구모형 1				
관계적강점→사회적동기→이용자몰입	.217	.059	.103-.331	.003**
관계적강점→사회적동기→이용자몰입→이용자행복	.178	.058	.138-.363	.005**
사회적동기→이용자몰입→이용자행복	.250	.050	.073-.280	.005**
연구모형 2				
지적강점→기능적동기→이용자몰입	.061	.023	.024-.118	.003**
지적강점→기능적동기→이용자몰입→이용자행복	.068	.021	.026-.112	.004**
기능적동기→이용자몰입→이용자행복	.094	.035	.033-.183	.003**
연구모형 3				
절제적강점→유희적동기→이용자몰입	.076	.031	.047-.168	.002**
유희적동기→이용자몰입→이용자행복	.282	.054	.140-.353	.003**

* p<.05, ** p<.01, *** p<.001

표 22 연구 3 가설 검증 결과 종합

가설 목록	검증결과
가설 1.1. 성격강점 중 관계적 강점은 소셜미디어의 사회적 동기를 정적으로 예측할 것이다.	채택
가설 1.2. 사회적 동기는 이용자 몰입을 정적으로 예측할 것이다.	채택
가설 1.3. 이용자 몰입은 이용자 행복을 정적으로 예측할 것이다.	채택
가설 1.4. 관계적 강점과 이용자 몰입의 관계는 사회적 동기에 의해 매개될 것이다.	채택
가설 1.5. 관계적 강점과 이용자 행복의 관계는 사회적 동기와 이용자 몰입에 의해 매개될 것이다.	채택
가설 2.1. 성격강점 중 지적 강점은 소셜미디어의 기능적 동기를 정적으로 예측할 것이다.	채택
가설 2.2. 기능적 동기는 이용자 몰입을 정적으로 예측할 것이다.	채택
가설 2.3. 이용자 몰입은 이용자 행복을 정적으로 예측할 것이다.	채택
가설 2.4. 지적 강점과 이용자 몰입의 관계는 기능적 동기에 의해 매개될 것이다.	채택
가설 2.5. 지적 강점과 이용자 행복의 관계는 기능적 동기와 이용자 몰입에 의해 매개될 것이다.	채택
가설 3.1. 성격강점 중 절제적 강점은 소셜미디어의 유희적 동기를 부적으로 예측할 것이다.	기각
가설 3.2. 유희적 동기는 이용자 몰입을 정적으로 예측할 것이다.	채택
가설 3.3. 이용자 몰입은 이용자 행복을 정적으로 예측할 것이다.	채택
가설 3.4. 절제적 강점과 이용자 몰입의 관계는 유희적 동기에 의해 매개될 것이다.	채택
가설 3.5. 절제적 강점과 이용자 행복의 관계는 유희적 동기와 이용자 몰입에 의해 매개될 것이다.	채택

4. 결론 및 논의

본 연구의 결과를 정리하면 다음과 같다. 첫째, 성격강점 중 관계적 강점은 사회적 동기를 유의미하게 예측하였고 사회적 동기는 이용자 몰입과, 이용자 몰입은 행복과 관련되었다. 즉 관계적 강점의 수준이 높을수록 소셜미디어에 대한 사회적 동기 수준이 높고, 사회적 동기의 수준이 높을수록 이용자가 체험하는 몰입의 수준이 높으며 이는 다시 이용자의 높은 행복 수준을 예언하는 것으로 나타났다. 관계적 강점은 직접적으로 이용자 몰입과 유의미하게 관련되지 않았지만 사회적 동기를 매개로 하여 이용자 몰입에 유의미한 효과를 미치는 것으로 드러났다. 또한 이용자 행복에 미치는 영향에 있어서도 사회적 동기 및 이용자 몰입을 통해서 그 영향력이 크게 확대되는 모습이 확인되었다.

이러한 결과는 관계적 강점 및 사회적 동기의 개념 정의와 내용에 비추어 볼 때 선행연구들의 이론 및 실증자료들과 충실히 부합하는 결과라고 할 수 있다(권석만 등, 2010; 배지우, 박정열, 2015b; 오은해, 2012; 이방형 등, 2013; 이상호, 2013; Park, Peterson, & Seligman, 2004; Seligman & Csikszentmihalyi, 2000).

사회지능과 사랑, 리더십 등으로 구성된 관계적 강점 요인은 대인관계에서의 적극성, 개방성, 기술과 같은 자질을 반영하고 있다. 이런 성향이 높은 사람일수록 소셜미디어 활동을 통하여 타인들과 친밀하고 우호적인 관계형성을 추구하려는 동기가 클 것이며 높은 수준의 동기는 몰입을 촉발하게 된다. 이는 여가활동에 대한 Hagga, Chatzisarantis, & Harris(2006)의 사회심리 모형으로도 해석이 가능하다. 관계적 강점이라는 성격 요인이 동기를 촉발하고 행동적 실천에 이르도록 추동하며, 적절한 수준의 과제 난이도와 기술역량이 조화되어 Csikszentmihalyi가 개념화한, 몰입이라는 특수한 심취의 상태, 대상 행위와의 일체화가 이루어진다. 이러한 강한 몰입은 성취감 및 실존적 자기 제약(자의식)으로부터의 초월 경험을 제공함으로써 행복이라는 주관적 해석을 유도하게 된다.

둘째, 성격강점 중 지적 강점은 기능적 동기와 정적으로 연합되었고 기능적 동기는 이용자 몰입과, 이용자 몰입은 행복과 관련되었다. 즉 지적 강점의 수준이 높을수록 소셜미디어에서의 기능적 동기 수준이 높았다. 또한 기능적 동기 수준은 몰입과 정적 관련성을 보였다. 따라서 지적 강점은 기능적 동기 및 이용자 몰입을 통하여 이용자 행복을 정적으로 예측하는 것으로 나타났다. 지적 강점 자체도 이용자 행복과 정적 관련되었지만 기능적 동기 및 이용자 몰입을 매개로 하여 이용자 행복에 미치는 영향력이 한층 심화되는 것으로 나타났다.

호기심, 창의성, 지혜, 심미안, 학구열의 하위 강점으로 이루어진 지적 성격강점은 다방면으로 새로운 지식의 지평을 넓히려는 심리적 지향성을 반영하는 척도이다. 주변 상황에 대한 관심과 이해의 추구, 평가와 음미, 배우고자 하는 의욕을 내포하고 있다. 이러한 경향성이 높은 사람일수록 소셜미디어를 통해서 적극적으로 지적 탐색을 시도하고 가치있는 정보를 체득하려는 동기, 즉 기능적 동기의 수준이 높게 나타나는 것은 매우 자연스러운 결과이다. 이 동기의 발현으로서 소셜미디어 활동에서 강한 몰입 현상이 발생하고 충실한 몰입 경험이 주관적 행복으로 평가되는 것으로 보인다.

셋째, 성격강점 중 절제적 강점은 유희적 동기와 부적 관련성을 가질 것이라는 가설과 달리, 정적 관련성을 갖는 것으로 나타났다. 이는 본 연구에서 가장 의외의 결과로서, 절제적 강점 수준이 높은 사람일수록 유희적 동기 또한 높으며, 유희적 동기와 이용자 몰입의 매개효과로 인하여 이용자 행복의 수준이 비례적으로 높아졌음을 의미한다. 절제적 강점은 또한 이용자 행복과 직접적으로도 유의미하게 정적으로 관련되었다.

성격강점과 소셜미디어 간의 관련 연구결과가 충분치 않아 절제적 강점과 관련 변수들의 관계성을 해석하기에는 어려움이 있지만, 가능한 추론으로는 절제적 강점의 반동 효과를 들 수 있다. 절제적 강점과 유희적 동기가 정적 관련을 보였다는 사실은, 해당 경향성이 큰 사람들에게 흔히 존재하는 내면 욕구와 충동에 대한 억제적 성향의 존재로 인하여 유희적 동기가 반동적으로 더욱 촉진된 결과로 해석될 수 있다.

유희적 동기는 합목적적 행동을 해야 한다는 강박으로부터의 해방, 일상적이고 규격화된 과제 상황으로부터의 일시적 일탈, 자의식으로부터의 초점 이탈(defocusing) 등을 그 특성으로 한다. 절제적 강점을 구성하고 있는 자기조절, 신중함, 개방성(비판적 사고력)과 같은 성격특질은 위험과 낭비를 예방하고 절제와 균형을 추구한다는 점에서 삶에 이익을 줄 수 있는 반면, 그 이면에 자신의

즉시적 욕구나 충동을 지속적으로 억압하고 판단의 충실성을 기하기 위하여 항상 사고 과정에서의 근거를 엄정히 탐색하고 비교, 평가해야 하는 부담을 수반한다. 이러한 자기검열(self-censorship)적 정신 작용은 불가피하게 높은 수준의 집중과 긴장, 스트레스, 욕구불만을 유발하게 되고, 이러한 심리적 불편(psychological distress)을 해소하기 위한 방편으로서 일탈과 이완에 대한 욕구의 수준이 높아져 그 추동력이 유희적 동기 수준을 높이는 방향으로 작동했을 가능성이 높다. 위와 같은 추론은 정신분석학적 관점에서의 억압 및 억제에 관한 다수 이론들과 부합하며(McWilliams, 2011), 상당수의 실증연구에서도 스트레스와 억압이 일탈, 비행, 인터넷 중독에 미치는 영향에 대해서 보고된 바 있다(김한곤, 1999; 윤영미, 최명숙, 2003; 장성화, 박영진, 2010).

절제적 강점이 소셜미디어의 이용자 행복을 정적으로 예측하였다는 점 역시 흥미로운 발견이다. 부적으로 관련되거나 관계성이 없을 것으로 보였던 두 변수가 정적으로 연합된 결과를 해석하기 위하여 절제적 강점이 관계적 강점과 높은 수준의 상관(r=.69)을 보이고 있음을 주목할 필요가 있다. 즉 관계적 강점의 수준이 높은 사람이 절제적 강점의 수준 역시 높은 경향성이 있다는 점이다. 개인에게 있어 관계적 강점은 사회적 관계의 탐색과 구축을 위한 노력의 원동력이 될 것이며 소셜미디어 이용행동에서는 적극적이고 자발적인 참여와 개입, 상호작용으로 실현될 것이다. 이는 동기와 몰입을 매개로 하여 행복으로 연결되었다. 한편 절제적 강점은 행동의 질과 양에 있어서 적절한 균형점을 탐색하고 조절하는 기능을 했을 것이라고 추론해 볼 수 있다.

절제적 강점이 소셜미디어 이용의 내용과 과정에서 발현되는 방식은 사회적 행동의 절제와 균형을 유지시키는 질적 관리 방식과 행위 자체의 양과 수준을 조절하는 양적 관리 방식, 두 가지 기제로 작동했을 가능성이 있다. 전자는 소셜미디어 관계망에서 대인 간 사회적 거리(inter-personal distance)의 최적지점을 찾도록 하고 언행에서의 절제를 추구하며 지나친 자기노출이나 타인에 대한 개입, 집착 등의 부적절한 행동을 방지하는 방식으로 기능했을 것이다. 후자는 소셜미디어 이용행동에 있어 시간이나 양, 자신의 생활에서 차지하는 비중이 과도하지 않도록 함으로써 소셜미디어에 대한 지나친 의존, 중독과 같은 역기능성을 제어하는 방식으로 작용했을 것으로 보인다.

위의 결과는 절제적 강점과 행복 간 관계에 대한 고전적 관점과 부합하고 있다. 즉 행복을 성취하기 위하여 인간은 다른 많은 덕목과 더불어, 적절한 수준의 절제성을 겸비해야 한다는 오랜 사상이다. 자기실현적 행복(eudaimonia)의 효시인 Aristotles(384-322, BC)는 행복론에서 특히 중용의 가치를 강조하면서, 원하는 이상적인 자아를 실현할 수 있도록 영혼을 고양시키고 중용을 발휘하며 미덕을 실천하는 것이 행복에 이르는 길이라고 하였다. 이러한 입장은 현대의 행복 이론에도 면면히 이어져 오고 있는데, 예컨대 Ryan & Deci(2001)는 행복의 조건으로 자율성, 유능감 등을 제시했고 그보다 이전 Erikson(1963) 및 Jahoda(1958) 등 많은 심리사회학자들이 인간의 원만한 성장과 발전의 요건으로서 자율성과 환경에 대한 통제력, 균형감각 등 절제적 속성을 가진 성격특성의 확보가 요구된다고 설파하였다. 소셜미디어 이용행위에 있어서도 역시 적극성과 진취성 뿐만 아니라 적합한 균형점과 지나침을 방지하는 중용적 미덕이 높은 수준의 행복을 유도한다는 시사점을 주고 있다. 최근 우리 사회에서 관찰되는 소셜미디어 스트레스, 디지털 피로감 등의 증상은 적절한 절제력의 결핍으로 인한 결과라고도 해석할 수 있다.

본 연구의 결과들은 소셜미디어 이용자 개인의 내재적 성격 특질 요인이 소셜미디어에 대한 상이한 내용의 동기들과 어떤 방식으로 연합하여 몰입과 행복이라는 실존적 경험을 유도하는지 보여주고 있다. 이러한 시도는 소셜미디어를 삶의 만족도나 행복과 관련시켜 연구한 기존의 결과들이 왜 일관성을 보이지 못하는가에 대한 단서를 제공한다. 개인이 가진 성격강점과 같은 특질들 자체가 소셜미디어의 동기와 몰입도를 통하여 차별적인 효능을 만들어 낼 수 있다는 함의를 갖기 때문이다. 이는 행동단계 이전에 주체자인 개인의 특성이 독립 변수로서 동기와 행동, 평가라는 일련의 과정에서 결정적 역할을 한다는 점을 알려줌으로써 소셜미디어 연구에서의 프레임을 확장하고 결과 분석을 보다 정교화 시킬 수 있는 방법론을 제시하였다.

또한 긍정심리학에서 강조해 온 성격강점은 일반적 생활 환경에서 행복의 주요 선행요인이지만, 소셜미디어와 같은 특수한 맥락에서도 행복 경험에 있어 개인차의 주요 원인임을 확인할 수 있다. 관계적 강점 요인에 의해 추동된 대인지향적 에너지는 활발한 사회적 활동을 통하여 사회 자본, 지지와 인정, 심리적 소속감과 안락감, 사회적 정체성을 성취하도록 한다. 지적 강점 요인은 개인의 문제해결력과 지적 발전 욕구를 자극하여 소셜미디어에 대하여 동기화시키고 몰입을 통한 만족와 행복을 얻도록 도와준다. 절제적 강점 요인은 관계적 강점과 지적 강점으로 인해 추동된 에너지가 바람직한 기준선을 넘어섬으로써 발생할 위험과 폐해를 사전 제어하여 적절한 수준을 유지하도록 하는 평형추와 같은 역할을 한다. 따라서 고전 행복론과 최근 긍정심리학에서 강조한 성격강점들이 소셜미디어의 이용행동에 있어서도 역시 조화를 이루어 개인의 복지적 이익에 공헌함을 확인할 수 있다.

Chapter 06 종합 결론 및 논의

1. 종합결론

제 1장에서는 연구의 배경과 목적, 계획 및 구성에 대하여 기술하였다.

제 2장에서는 본 책의 바탕이 되는 소셜미디어와 이용자 개인의 실존적 효익 및 손실의 관계를 포괄적으로 기술하였다. 먼저 소셜미디어의 개념과 특징, 역사적 맥락 및 개인 및 사회에 미치는 기능적 또는 역기능적 효과들을 살펴보고 소셜미디어 현상을 다루는 다양한 학문적 연구의 흐름을 소개하였다. 또한 소셜미디어의 보이는 작금의 전세계적인 파급력의 원인을 인간의 사회적 속성 및 이를 다룬 이론들을 근거로 분석했다. 또한 소셜미디어와 관련된 주요한 심리적 변수들 및 이를 실증적으로 조사한 선행연구들의 내용을 기술하였다. 구체적으로 소셜미디어의 이용동기, 이용자가 경험하는 몰입감과 행복, 사회적 압력으로서의 동조와 순응, 그리고 이러한 변수들을 탐구한 전통적 이론들에 대하여 집중적으로 탐색하였다.

제 3장에서는 본 책에서의 첫 번째 실증연구로서, 소셜미디어 이용동기와 행복의 관계를 몰입의 매개효과를 중심으로 분석한 내용이 소개되었다. 총 314명의 소셜미디어 이용자를 대상으로 소셜미디어 이용과 관련된 일반 사항 및 인구통계학적 변수들 이외에, 소셜미디어 이용동기와 몰입, 행복을 묻는 설문을 수행하였다.

선행연구들과 유사하게 소셜미디어 이용자의 성별, 연령, 사회-경제적 지위,

이용시간, 이용빈도 등의 일반 변수들은 소셜미디어에 대한 몰입 및 행복감에 유의미한 영향을 주지 않았다. 이용동기는 사회적 동기와 기능적 동기, 유희적 동기라는 세 가지 차원으로 구분하여 측정되었는데 이 중 사회적 동기와 유희적 동기만이 몰입과 행복에 유의미한 예측력을 나타냈다. 그리고 각 동기와 행복간의 관계는 몰입에 의하여 매개됨을 확인하였다.

제 4장에서는 두 번째 실증연구로서, 소셜미디어 이용동기와 몰입의 관계에 관여하는 사회적 압력의 효과를 추적하였다. 사회적 압력은 대다수 타인이 소셜미디어를 사용하는 환경에서 개인이 지각하는 동조에 대한 압력(동조압력)과 정보로부터의 소외를 회피하려는 욕구에 기인한 추종 압력(정보소외압력) 두 가지 유형으로 나누어 분석하였다. 소셜미디어에 대한 동조압력은 사회적 동기와 몰입의 관계에서 정적인 방향의 조절효과를 나타냈으며 정보소외압력은 기능적 동기와 이용자 몰입의 관계를 정적인 방향으로 조절하였다.

제 5장에서는 소셜미디어 이용과 이용자 몰입 및 행복과의 관계성을 보다 의미있게 탐색하기 위해 개인의 성격특질로서의 성격강점 변수까지 포함시켜 연구 프레임을 확장하였다. 여러 선행연구에서 반복적으로 검증되어온 보편적 성격강점군인 관계적 강점, 지적 강점, 절제적 강점이 각각 소셜미디어의 이용동기와 몰입, 행복간의 관계에서 어떤 차별적 영향을 미치는지 조사하였다. 사랑, 리더쉽, 사회지능, 유머, 친절로 이루어진 관계적 강점은 사회적 동기를 유의미하게 예측하였고 사회적 동기는 이용자 몰입과, 이용자 몰입은 행복과 관련되었다. 호기심, 창의성, 지혜, 심미안, 학구열의 하위 강점으로 이루어진 지적 강점은 기능적 동기와 정적으로 연합되었고 기능적 동기는 이용자 몰입과, 이용자 몰입은 행복과 관련되었다. 자기조절, 신중함, 개방성으로 구성된 절제적 강점은 유희적 동기와 부적 관련성을 가질 것이라는 가설과 달리, 정적 관련성을 갖는 것으로 나타났다. 각 모형에서 성격강점은 각각 관련 이용동기를 자극함으로써 이용자 행복과 정적으로 관련되었으며 이 관계에서 몰입이 매개효과를 나타냈다.

2. 종합논의

본 책의 연구결과들로부터 다음과 같은 논의를 추출할 수 있다. 첫째, 소셜미디어 이용활동으로부터 이용자가 행복, 즉 즐거움, 기쁨과 같은 긍정적 정서와 삶에 대한 만족감을 얻기 위해서는 소셜미디어의 이용 에 있어서 이용자 본인의 자발성과 자기목적성이 수반될 것이 요구된다. 자기목적성이란 행위 자체에 의미와 가치를 부여하는 행동의 자기충족성을 의미한다. 자기충족성이 상대적으로 미미한 경우, 즉 다른 이차적 목적을 달성하기 위한 수단 또는 방편으로 소셜디어를 이용할 경우는 이용자가 느끼는 몰입도와 행복감에 제약을 받을 수 있음을 의미한다.

사회적 연대에 대한 욕구를 반영하는 사회적 동기나 단순한 즐거움과 심리적 이완을 추구하는 유희적 동기는 그 행위과정 자체에 목표가 내재되어 있기 때문에, 이러한 동기가 높은 이용자일수록 몰입 상태에 더 쉽게 도달하게 되었을 가능성이 크다. 반면 기능적 동기는 내적 보상과 자기목적성의 특성이 상대적으로 낮기 때문에 몰입으로의 추동력이 충분치 않았던 것으로 해석해 볼 수 있다.

이는 행복을 체험하기 위해서는 행위 과정에 있어서 일정 수준의 몰입이 필요함을 시사한다. 사회적, 그리고 유희적 동기와 같은 이용동기는 그 자체로 행복체험을 유발하는 것보다 몰입이라는 매우 주관적이고 존재론적인 자기관여(self-commitment)를 통하여 비로소 더 의미있고 강력한 형태로 행복이라는 가치를 창출할 수 있었다. 자의식과 행위의 일체화가 일어나는 몰입 상태는 기계적이고 일상적인 의식세계에서 탈출하여 자의식의 확장과 극복의 경험을 선사한다. 자아기능은 일시적으로 폐기되었다가 변증법적 재생산을 시도할 기회를 갖게 된다. 이는 대뇌가 경험하는 놀라운 학습적 효과로서 개인 내면의 실존적 위상에서의 비연속적 도약을 가능케 하는 요인이다. 깊은 수준의 몰입을 경유한 초월감, 성취감은 자기 해석을 통하여 행복이라는 체험으로 전이된다.

이 결과는 Seligman & Csikszentmihalyi(2000) 및 기타 학자들이 제시한 몰

입 및 행복에 관한 이론 모형을 소셜미디어 이용과 관련된 메커니즘에 적용하여 검증한 결과이며 본 연구의 성과로 볼 수 있다.

본 책의 또다른 주제는 사회적 압력의 영향력이 소셜미디어 이용과정에서 작용하는 효과이다. 소셜미디어에 대한 동조압력은 소셜미디어 이용동기 중 사회적 동기와 몰입의 관계에서 정적인 방향의 조절효과를 나타냈다. 이러한 결과는 우선, 소셜미디어 현상에 있어 사회적 동조의 압박과 그에 따른 순응의 메커니즘이 분명히 존재하고 작동한다는 강력한 증거가 된다. 소셜미디어의 범람 현상이 인간 개개인에 내재한 사회적 지향 욕구와 동조 및 순응의 속성에 크게 빚지고 있음을 확인할 수 있는 것이다. 이는 다수 선행연구들이 소셜미디어 현상을 미디어에 대한 소비자의 자발성을 강조하는 이용과 충족 이론을 주축으로 접근하고자 하는 시도에 한계가 있음을 보여준다.

정보소외압력에 의해 기능적 동기와 이용자 몰입도의 관계 정도가 심화되는 양상 역시 소셜미디어의 이용이 단순한 개인적 호, 불호의 문제가 아니라 개인의 사회적 생존과 긴밀히 연결된 이슈임을 시사한다. 소셜미디어 현상은 대인간 상징과 신호체계로 작동하는 관계 네트워크 상에서 사회적 고립이나 이미지의 훼손으로 인하여 사회적 지위획득에서의 불리함을 방지하고 유리한 입지를 성취하려는 이기적 본능에 의해 추동된 결과임을 강하게 증거한다.

동시에 이 연구들을 통하여 개인들마다 소셜미디어에 대한 이용강도에서 왜 차이가 나는지에 대한 통찰을 얻을 수 있다. 사회적 문제로까지 부상되고 있는 소셜미디어에의 중독, 과잉의존, 디지털 피로감, SNS 스트레스 등의 현상에는 개인차가 존재한다. 소셜미디어에 대한 이용동기의 수준은 개인마다 다르며 결과적으로 이용자들이 체험하는 몰입의 수준도 역시 균일하지 않다. 사회적 압력은 이 차이의 편차를 더욱 크게 확대시키는 역할을 한다. 개인 심리사회적 문제해결을 위한 임상적 접근 또는 사회적 계도나 정책 수립에 있어서 이 점은 유용한 단서를 제공한다. 소셜미디어의 폐해를 경험하는 사람들을 대상으로 그 기저 욕구나 동기의 성격을 진단하고 그 사람이 처해있는 사회적 환경을 파악하여 소셜미디어의 이용방식을 재정립하도록 도울 수 있다. 예컨대 소셜미디어에 대한 과잉집착을 보이는 사람의 경우 사회적 욕구가 충족되지 못하고 동조압력을 많이 받는 것으로 드러난다면, 소셜미디어가 아닌 다른 활동을 통하여 해소할 수 있도록 돕는 방식이다. 또한 동조 경향성에 대한 인지적 각성은 강박적인 소셜미디어 사용으로부터 벗어날 수 있는 선택의 자유를 줄 수 있다.

소셜미디어 네트워크에서 생성되는 여러 관계들은 우리 사회의 확장된 공간이며 본질에 있어서 큰 차이가 없는 것으로 보인다. 사회적 압력과 상호작용한 이용자 동기가 몰입을 고조시킴으로써 얻는 심리적 이익도 존재하지만, 그 이면에 사회적 압력에 부응하기 위해 소셜미디어를 사용하는 것이 다른 부작용의 근원으로 작용할 수 있다. 실제 사회에서 나타나는 다양한 사회적 부조리나 권력과 신분에 따른 위계화, 자기실현과 무관한 가식적 행동, 이로 인한 피로감과 스트레스 증후군 등이 소셜 관계망위에서도 그대로 재현될 개연성이 크기 때이다.

유희적 동기와 몰입의 관계에서는 사회적 압력 요인의 조절효과가 나타나지 않았음을 주목할 필요가 있다. 사회적 동기는 사회적 성취를, 기능적 동기는 문제해결적 성과 또는 정보적 성취를 목표로 하는 동기이다. 반면 유희적 동기는 이차적인 다른 목표의 수단이라기보다는 상대적으로 그 자체 행위로서의 효용과 목적성을 내포하고 있다. 사회적 압력으로부터의 자유가 확보되는 이런 조건에서 몰입의 효과가 가장 크게 나타났음을 주목할 필요가 있다. 몰입 자체에 미치는 효과는 유희적 동기와 같은 조건에서 가장 유연하게 일어난다고 볼 수 있다.

아울러 성격강점이라는 개인적 특질의 다양성에 의해서 소셜미디어에서의 몰입과 행복의 경험이 차별적이고 넓은 스펙트럼에 걸쳐 일어날 것임을 예측할 수 있다. 이용자의 특질에서의 개인차가 소셜미디어를 통해 얻는 심리, 사회적 이익에 주요 요인이 된다는 것을 의미한다.

동시에 이 연구는 Ajzen & Fishbein(1980), 그리고 Hagga, Chatzisarantis, & Harris(2006)의 사회적 행동에 대한 동기-태도-행동-해석 모형의 틀로써 소셜미디어 이용과 관련된 제반 과정을 검증했다는 의미를 지닌다. 아울러 고전적 행복론 및 현대의 긍정심리학에서 행복과 깊이 밀착되어 있다고 연구되어온 개인의 성격강점 요인들이 소셜미디어 활동에 있어서도 중요한 결정요인이 된다는 점을 밝히고 이용자가 누리는 심리적 이익에 있어 어떤 방식으로 영향을 미치는지 통찰할 수 있도록 실증적 자료를 제시했다는 점에서 의미를 찾을 수 있을 것이다.

일련의 연구들이 갖는 함축성을 통하여 개인정신의학, 사회교육기관 및 정책입안기관에서 활용될, 소셜미디어로 인한 국민의 이익을 증진시키고 폐해를 최소화시키기 위한 방법론을 추출할 수 있다. 첫째, 개인들이 소셜미디어의 이용과 관련하여 심리적 이익을 누리기 위해서는 자발적 의지에 의해 동기화된 경우이어야 하고 비자발적 사용이나 단순 모방, 무료함을 해소하기 위한 사용은 최소화하는 것이 바람직하다. 둘째로 적당한 수준의 몰입이 유도될 수 있는 본인의 내재적 관심사 영역에서 활동해야 할 것이다. 충분한 몰입이 일어나지 않는 방편적 활동은 꼭 필요한 수준까지만 수행하고 그 이상의 활동은 자제하는 것이 현명하다. 그렇지 못할 경우, 행복보다는 피로감과 스트레스를 경험하여 심리적 손실을 얻을 가능성이 크다.

보다 마이크로한 수준에서 개인 심리치료적 접근으로 제안한다면, 소셜미디어에 중독되었거나 그 활용양태가 건강하지 못한 사람에게 이용동기와 사회적 압력을 측정하도록 하는 것이 중요하다. 동조압력에 대한 무비판적 순응은 개인의 주관적 철학의 운용을 방해하고 불안을 발생시켜 개인 선택의 폭을 좁히는 요인이 된다. 인지치료와 같은 기법으로 내면에 기저한 동조나 정보소외압력의 존재를 직면하고 그것이 과장된 것이 아닌지, 합리적인 것인지 검증하는 과정을 거쳐야 한다. 또한 소셜미디어에 대한 이용 욕구가 어떤 패턴으로 나타나는지와 이에 대한 본인의 통찰이 필요하다. 자기 행동의 원인이 되는 욕구와 불안을 관찰하여 객관화함으로써 많은 부분 왜곡된 심리적 지향성이 수정될 여지가 있다. 또한 욕구와 압박을 현실적이면서 적응적으로 구현하는 대안적 수단을 강구할 수 있게 된다. 예컨대 사회적 욕구가 강한 사람은 과도한 소셜미디어 의존 대신 오프라인의 동호회를 활용한다든지, 억압에 대한 반동으로서 유희적 욕구가 강한 사람은 영화나 여행 같은 다른 활동을 탐색하는 것이다. 성격강점에 대한 이해와 진단이 여기서 적절히 활용될 수 있다. 개인의 특질적 강점 분야를 검토하면서 소셜미디어라는 한정된 방식 이외 더 폭넓게 본인의 자아실현을 위한 방편을 찾을 수 있게 될 것이다.

기업경영 및 마케팅 전략과 밀접히 관련된 시사점은 다음과 같다. 첫째, 소셜미디어라는 서비스 자체가 상품라고 할 때 상품의 생산 및 유통 과정에서 어떤 전략을 취하는 것이 유리할 수 있는지 암시한다. 상품의 중장기적 성공을 위해서는 포괄적, 복합적, 수평적 서비스보다는 특정 집단이나 주제에 특화된 서비스를 제공하는 것이 현명하다고 생각된다. 전자의 특성을 지닌 소셜미디어들의 폐해가 가시적으로 드러나고 있고 이에 대한 거부감, 저항감도 확산되고 있다. 이는 이용자 개인의 자발성보다 사회적 동조압력이 크게 작용한 부수적 효과로 해석할 수 있다. 때문에, 그 이용에 있어 해당 개인의 능동성, 자발성이 최대한 발휘되는 수직적 소셜미디어가 시장에서 잔존할 가능성이 크다고 할 수 있다. 예컨대, 특정 질병에 대한 지식이나 정보를 공유하거나, 소아기 자녀를 양육하는 부모의 관계망, 특정 상품을 구매하고 정보를 얻기 위한 소셜미디어 등 특정 공동체의 이익을 도모하거나 특정 활동을 효과적으로 수행함을 목표로 하는 소셜미디어 플랫폼이 유망하다고 볼 수 있다. 최근 새로운 트렌드를 만들고 있는 몇몇 벤처 기업의 성공적 사례는 이를 반증하고 있다.

둘째, 마케팅이나 기업홍보, 시장으로서의 소셜미디어의 선택과 활용에 관한 문제이다. 현재 영리적 기업 또는 비영리적 기관 모두 소셜미디어를 적극 활용하겠다는 입장에선 공통점을 보이고 있다. 그러나 소셜미디어 마케팅 등에 대한 효과의 검증은 아직 충분치 않고 방법론에 있어서는 시행착오가 거듭되고 있는 상황이다. 이에 대한 대안으로서 소셜미디어의 종류에 따라 이용자들의 몰입과 행복의 경험치를 조사하여 그에 부합하는 마케팅 전략을 취할 필요가 있다. 소셜미디어의 성격에 따라 이용자들이 몰입 및 행복을 경험할 가능성이 달라진다. 예컨대 내용전달(메시징)과 같이 실용적 기능성이 매우 두드러진 카카오톡과 같은 서비스에서는 일반적으로 광고의 효과가 두드러지게 나타나지 않는다. 그러나 인스타그램이나 피키캐스트와 같이 특정 연령층 또는 특정 주제에 집중한 소셜미디어에서는 간접 광고의 효과가 상당히 포착되고 있다. 즉 기업의 마케팅 활동이 자사의 상품 특성과 부합하는 특정 주제 기반, 또는 특정 고객 집단에 최적화될 필요가 있다. 최적화된 결과의 한 지표는 광고와 일반 컨텐츠의 경계가 모호해지는 것이 포함된다. 수직적 소셜미디어 네트워크에서는 광고물이 전형적 광고의 형태를 취하지 않으며 일반 컨텐츠와 매우 유사한 스타일과 형식, 내용을 추구할 여지가 충분하다. 또한 소셜미디어의 특징에 따라 마케팅의 스타일도 유연하게 변화를 시도할 수 있고 이는 더욱 큰 호소력을 발휘할 가능성이 크다. 빙글이나 피키캐스트의 성공은 이를 반증한다.

셋째, 개인 특성 추적적(personal-character-pursuing) 마케팅 기법의 개발 및 활용을 제안할 수 있다. 소셜미디어 이용자들이 제공한 컨텐츠를 통해서 그 사람의 성격적 특징을 상당히 짐작해 낼 수 있다. 예컨대 이 컨텐츠를 게시한 사람이 사회지능이 높은지 또는 심미안적 특성이 높은지, 지적강점이 우수한지 절제적 강점이 상대적으로 뛰어난지 확률적으로 추측(guessing)할 수 있는 심리학적, 사회과학적, 통계적 지식이 존재한다. 최근의 빅데이터 매니징 기술은 이러한 작업을 보다 용이하게 만들어 주고 있다. 개인의 성격강점은 또한 소셜미디어에서의 주관적 경험과 긴밀히 관련된다. 성격강점을 고려한 개인 특화적 마케팅 전략은 추후 해당 분야에서 대단히 중요한 기반 지식으로 활용될 것으로 전망한다.

3. 연구의 한계점 및 제언

연구 1에서는 소셜미디어 이용동기와 몰입 및 행복 간의 관계를 분석함에 있어서 이용동기를 독립변인으로, 몰입과 행복을 각각 매개변인 및 종속변인으로 설정하였다. 그러나 결과의 해석에 있어 이를 엄격한 인과관계나 선후관계로 이해하는 것은 논리적 오류를 낳을 수도 있다. 각 이용자가 느끼는 행복의 수준이 오히려 몰입의 정도나 이용동기의 수준에 영향을 미칠 수도 있으며 이들 요인들은 상호 순환적으로 영향을 주고받을 가능성이 존재하기 때문이다. 때문에 인과관계에 대한 보다 명확한 이해를 위해서는 추후 설문조사 방식과 병행하여 실험적 방법론을 적용한 연구가 바람직할 것으로 보인다. 예컨대, 집단별로 각각 특정 이용동기를 유도할 수 있는 실험적 장치를 적용하거나 또는 개별 피험자의 주된 동기 유형을 측정하여 집단을 나눈 다음 소셜미디어 활동을 실행하고 그 이후 측정된 몰입이나 행복의 수준 변화를 관찰하는 방법을 시도할 수 있다.

또한 본 연구의 결과들이 연구 설계에서 고려하지 못한 제 3의 변인에 의하여 영향 받았을 가능성 또한 통찰할 필요가 있다. 이용자 개개인의 성격특질과 같은 요인이 그러하다. 예컨대 성격 특질 중 내향성-외향성 차원에서 내향성보다 외향성을 더 많이 갖춘 사람들은 소셜미디어의 이용동기 중 기능적 동기보다는 사회적 동기나 유희적 동기의 수준이 외향성이 낮은 사람들보다 더 높게 나타날 가능성이 있으며 동시에 이용자 행복 지표 자체도 더 높게 측정될 가능성이 있다. 이와 같은 제 3 요인의 설명 가능성을 배제할 수 있기 위해서는 이용자들의 성격특질 등 유력한 가능 요인들을 사전에 측정하여 통계적으로 표준화하는 방식을 취하거나 요인설계 방법론을 적용하여 요인별 영향력의 정도를 비교하는 연구를 추가적으로 수행하는 것이 요구된다.

연구 2에서는 소셜미디어 이용 현상에서 잠재적으로 작용하는 사회적 압력의 효과를 실증적으로 측정하는 실험적 시도가 이루어졌다. 이를 이해 사회적 압력을 동조압력과 정보소외압력 두 가지로 구분하여 척도를 개발하고 적용하였다. 앞으로 이 척도의 신뢰도나 타당성과 관련된 추가적 검증이 수행될 필요가 있다. 뿐만 아니라 사회적 압력의 성격이 이 두 가지 하위 차원 이외에도 어떤 요인들로 구성되어 있는지 보다 심도있는 분석이 필요하다. 추후 표적 집단 면접이나 광범위한 개방형 설문 등을 통하여 소셜미디어와 관련된 사회적 압력의 요소들을 더 폭넓게 수집하고 요인으로 추출하여 요인들의 성격과 차별성을 명료화해야 할 것이다. 이를 바탕으로 보다 안정적으로 검증된, 세분화된 하위 차원들이 이용자 몰입 및 행복에 미치는 영향에 대하여 확장된 연구가 필요할 것으로 보인다.

연구 3에서는 성격강점의 하위 24개 모든 항목과 소셜미디어의 이용동기 및 몰입과 행복의 관계를 조사하지 않고, 선행연구들에서 반복적으로 동일 요인으로 분류된 성격강점만을 선택하여 조사하였다는 점에서 방법론상의 이슈가 존재할 가능성이 있다. 본 연구에서 포함하지 않은 다른 성격강점들이 소셜미디어의 동기나 몰입 등과 어떤 관계를 보이는지에 대해서는 추후의 연구를 통해서 확인할 수밖에 없다.

또다른 방법론적 문제로서 본 연구에서는 설문의 양이 너무 방대해지는 것을 방지하기 위하여 원래의 성격강점 설문지에 포함되어 있는 사회적 선희도(social desirability) 문항들을 포함시키지 않았다. 사회적 선희도란 응답자들이 사회적으로 기대된다고 여겨지는 바람직한 반응을 하려는 경향성을 가리킨다. 때문에 본 연구의 성격강점 측정치는 사회적 선희도 점수에 의한 보정 절차를 거치지 않고 원점수로만 분석되어 성격강점의 점수들에 사회적 선희도에 의한 왜곡이 반영되어 있을 가능성이 있다.

다음은 본 책에서 기술한 연구들의 공통된 한계점에 대하여 기술하고자 한다. 먼저 '소셜미디어 이용자의 행복'이라는 개념이다. 본 책에서 거론된 이용자 행복은 '소셜미디어 이용과정을 통한, 또는 이용과정에서의 행복'을 의미하며, 소셜미디어와 독립적인 개인의 일반적인 행복을 다룬 것은 아니다. 우리 사회 대다수 구성원들이 소셜미디어를 광범위하고 일상적으로 이용하고 있는 현실과 이것이 실존적 삶에 미치는 파급적 효과의 중요성을 감안하면 소셜미디어로 인한, 소셜미디어 이용에서의 행복은 비록 보편적 의미의 행복과는 다른 제한성을 가지지만 매우 중요한 연구주제라고 생각된다. 또한 소셜미디어 이용자의 행복은 그동안의 마케팅이나 소비자행동학에서 다루었던 것처럼 단순히 특정 서비스에 대한 사용만족감이나 호감도와는 구별된다. 오히려 일련의 지속적 자기투여

(self-commitment)를 통한 개인의 전인격적인 상태로서의 행복이라는 점에서 선행연구들과 구별된다.

둘째, 본 연구에서 측정, 분석된 변인들의 성격이 동질적 차원에 있지 않음을 밝힐 필요가 있다. 소셜미디어 이용동기로 채택한 사회적 동기, 기능적 동기, 유희적 동기 등은 경영 및 마케팅 분야에서 주로 논의된 동기들로서 몰입이나 행복과 같은 일반적 심리 상태를 가리키는 구성개념과는 단일 차원에 존재한다고 보기 어렵다. 사회적 동기와 유희적 동기가 몰입 및 행복과 유의미하게 관련된 반면, 기능적 동기는 그렇지 않았음은 이와 같은 배경에 일부 기인한다고 추측해 볼 수 있다. 사회적 동기와 유희적 동기는 비교적 인간 본연의 심리적 요소와 관련성이 크다고 본다면 기능적 동기는 상대적으로 환경과 상황에 의해 좌우되는 실용적이고 방편적 성격의 동기라고 할 수 있으므로 몰입이나 행복과 관련성을 보이지 않은 것으로 해석해 볼 수도 있다.

다음으로 연구의 적용범위와 관련된 한계를 지적할 수 있다. 본 연구는 소셜미디어의 장르나 사용 행태에 따른 차별성을 고려하지 않고 수행되었다. 실제로 소셜미디어의 종류는 매우 다양하고 나름의 특징적 형식과 내용을 포괄하고 있다. 또한 그 사용자들의 커뮤니케이션 방식에 따라 수평적 소셜미디어, 수직적 소셜미디어 등의 개념이 부가적으로 추출되고 있다. 페이스북과 같이 수평적 소셜미디어는 주제나 목표에 대한 한정을 두지 않고 다자간 교류를 위해 사용되는 방식이라면 수직적 소셜미디어(vertical socialmedia)는 특정 목표, 주제, 소통대상에 있어 범위를 제한하는 방식이다. 예컨대 관심사 기반 소셜미디어들은 특정 관심대상에 집중하여 커뮤니케이션을 하도록 설계된 매체이다.

그러나 이러한 소셜미디어의 세대 진화나 유형의 다양화에도 불구하고 전세계적으로 소셜미디어를 사용하는 인구의 90% 이상이 페이스북이나 트위터와 같은 수평적, 비제한적 소셜미디어를 사용하고 있으며 본 책에서 이에 해당하는 주요 소셜미디어 종류를 모두 포괄하여 측정했다는 점으로 볼 때는 본 책의 결과를 일반화 하는데 있어서는 큰 무리가 없어 보인다.

위의 한계점에도 불구하고 본 연구는 소셜미디어 이용자가 그 이용 및 해석과정에서 경험하는 행복의 정도를 검증된 과학적 척도로써 측정하고 이에 기여하는 이용동기와 사회적 영향, 몰입의 역할을 조사했다는 점에서 의의가 있다. 특히 이용동기의 내용 및 성격에 따라 몰입 및 행복에 미치는 영향은 차별적임을 밝히고 그 기제를 추적하므로써 소셜미디어의 이용행위가 이용자의 실존적 삶에 있어 손실보다 혜택을 많이 줄 수 있는 조건을 분석할 수 있었다. 또한 소셜미디어와 관련된 사회적 환경 압력의 조건들이 개인에게 어떠한 형태로 영향을 미칠 수 있는지를 관련 척도를 개발하여 계량적, 실증적으로 입증한 점은 향후 소셜미디어의 활용과 부작용 방지를 위한 개인 및 사회, 기관 단위의 정책과 전략 수립에 큰 도움이 될 것으로 생각된다. 아울러 이용자 개개인의 성격강점과 같은 특질들이 이용동기 및 몰입 요인들과 작용하여 이용자 행복에 기여하는 방식을 탐색한 결과 역시 기존 소셜미디어 관련 연구의 한계를 극복하고 연구 프레임을 확장하는데 기초가 될 것으로 전망한다.

▣ 참고문헌

고동완, 박용순, 이한아름(2013), “소셜미디어 이용 동기가 몰입과 여가만족에 미치는 영향,” 관광연구, 28(4), 137-156.

고아라(2012), 소셜 네트워크 서비스(SNS) 사용자의 몰입과 중독에 미치는 영향 요인 연구-Facebook 사용자를 중심으로, 경성대학교 디지털디자인전문대학원 석사 학위청구논문.

곽기영, 김효준(2011), “소셜 네트워크 스트레스가 소셜미디어 전환의도에 미치는 영향”, 한국산업경영학회 하계학술대회 논문집, 83-114.

권상희(2012), “소셜미디어의 진화와 미디어 생태환경-전통미디어와의 융합과 경쟁,” 한국언론학회지, 6, 333-368.

권석만(2008), 긍정심리학: 행복의 과학적 탐구, 학지사.

권석만, 유성진, 임영진, 김지영(2010), CST 성격강점검사 전문가지침서, 학지사심리검사연구소.

금희조(2011), “소셜미디어 시대, 우리는 행복한가?,” 한국방송학보, 통권, 25(5), 7-48.

김경달, 김현주, 배영(2013), “소셜 네트워크 서비스(SNS)의 피로감 요인에 관한 연구,” 정보와 사회, 26, 102-129.

김남이, 이수범(2011), “공중의 라이프스타일이 소셜미디어 이용동기 및 이용 행위에 미치는 영향에 관한 연구,” 한국광고홍보학보, 13(2), 306-341.

김명수, 이동주(2012), “소셜 네트워크 서비스 이용에 있어서의 디지털 피로감과 플로우의 역할,” e-비즈니스연구, 13(1), 67-87.

김봉섭, 박상미(2013), “페이스북 이용에 따른 행복효과 연구: 사회적 지지와 주관적 행복감을 중심으로,” 한국소통학회 봄 정기 학술대회논문집, 141-164.

김봉섭, 신명희, 임도경, 이인희(2013), “소셜미디어 이용자 유형에 따른 소셜미디어 이용동기 및 활동 유형에 대한 차이 연구,” 사회과학연구, 29(2), 105-134.

김영임(2015), “소셜미디어 이용자의 이용행태와 사회적 지지감 인식: 성격, 이용동기, 이용방식을 중심으로”, 한국콘텐츠학회논문지, 15(4), 407-419.,

김예나, 이상우(2011), “국내 SNS 이용자들의 이용동기와 기업의 전략: 페이스북과 싸이월드를 중심으로", 정보통신정책학회 학술대회 논문집, 243-267.

김유정(2011), "소셜네트워크서비스에 대한 이용과 충족 연구," 미디어, 젠더 & 문화, 20, 71-105.

김정구, 박승배, 김규한(2003), "마케팅활동, 사회적 상호작용, 플로우가 온라인 게임의 애호도와 구전에 미치는 영향에 관한 연구," 마케팅연구, 18(3), 93-120.

김주환, 김민규, 홍세희(2009), 구조방정식 모형으로 논문쓰기, 서울: 커뮤니케이션북스.

김진화, 변현수(2004), "가상공동체에서 매개 변수로서의 몰입의 역할," *Information Systems Review*, 6(2), 47-63.

김한곤(1999), "스트레스가 일탈행위에 미치는 영향에 관한 연구," 인문연구, 20(2), 329-350.

김형석(2012), "SNS의 이용동기와 커뮤니케이션 행동에 관한 연구," 한국산학기술학회 논문지, 13(2), 548-553.

김형석, 김동성(2012), "이용자의 퍼스낼리티와 SNS 이용동기에 관한 연구," 한국엔터테인먼트산업학회논문지, 6(1), 167-175.

김희연, 오주현(2012), "국내외 SNS의 현황과 사회적 의미," 정보통신정책연구원, 24(12), 19-42.

나은영(2012), "심리학적 관점에서의 소셜미디어," 한국언론학회 심포지움 및 세미나, 6, 5-26.

나종연(2010), "사용확산모형을 적용한 소비자의 온라인 소셜 네트워크 활용에 대한 연구," 소비자학연구, 21(2), 443-472.

내가영(2010), "모바일 SNS 이용자들의 이용동기와 만족감에 대한 연구," 서강대학교 석사학위청구논문.

노은직, 김보영(2013), "융합 서비스 접근에서의 국내 소셜 네트워크 서비스 연구 동향 분석," 경영관리연구, 6(2), 15-37.

문영주, 정철호(2011), "소셜미디어 이용동기가 만족과 재방문의도에 미치는 영향," 한국콘텐츠학회논문지, 11(9), 202-211.

박광순, 조명휘(2004), "인터넷의 웹블로그(Web-blog) 이용동기와 만족도에 관한 연구:

대학생 집단을 중심으로," 한국언론학보, 48(5), 270-294.
박선희(2012), "SNS 뉴스 소통-다중성과 구술성," 언론정보연구, 49(2), 37-73.
박성연, 이순민(2005), "온라인 커뮤니티 활동정도가 Flow, 소비자-웹 사이트 브랜드 관계와 충성도에 미치는 영향," 경영논총, 23(1), 15-36.
박순주, 권민아, 백민주, 한나라(2014), "소셜네트워크서비스를 이용하는 대학생들의 스마트폰 중독과 대인관계능력의 관계," 한국콘텐츠학회논문지, 14(5), 289-297.
박윤서, 김용식(2012), "소셜 네트워크 서비스(SNS) 이용요인간 구조적 관계: 기술수용 모델(TAM)과 플로우(Flow)를 중심으로," 한국IT서비스학회지, 11(1), 247-272.
박정남(2010), Start! 트위터와 미투데이, 에이콘.
박종구(2012), 뉴미디어 채택 이론, 커뮤니케이션북스.
박종철, 전수정, 이한준(2011), "소셜 네트워크 서비스(SNS)의 활동이 소비자의 지식창출 및 지속적 사용의도에 미치는 영향," 서비스 경영학회지, 12(4), 201-226.
박찬욱, 이신복, 김선조(2013), "친구따라 SNS한다? 소셜네트워크서비스(SNS)의 사회적 동조성(Social Conformity)을 중심으로," 한국IT서비스학회지, 12(4), 25-40.
박철(2008), "온라인 소비자행동에서 플로우(Flow) 연구에 대한 비판적 검토," 소비자학연구, 19(2), 65-92.
배지우, 박정열(2015a), "소셜미디어 이용동기가 이용자 몰입에 미치는 영향: 사회적 압력의 조절효과," 한국콘텐츠학회지, 15(1), 462-474.
배지우, 박정열(2015b), "소셜미디어 이용동기와 행복: 몰입의 매개효과를 중심으로", 한국심리학회지: 사회 및 성격, 29(3), 45-66.
배지우, 박정열(2016), "성격강점이 소셜미디어 이용자 행복에 미치는 영향: 이용동기 및 이용자 몰입의 매개효과를 중심으로", 기업연구저널, 11(1), 인쇄중.
서수석, 이종호(2011), "소셜 네트워크의 특성이 소셜커머스 사이트의 신뢰와 구매의도에 미치는 영향," 기업경영연구, 18(4), 19-37.
서은국(2014), 행복의 기원, 21세기북스.
서은국, 구재선(2011), "단축형 행복 척도(COMOSWB) 개발 및 타당화," 한국심리학회

지: 사회 및 성격, 25(1), 95-113.

심성욱, 김운한(2011), “대학생들의 소셜미디어 이용동기가 소셜미디어 광고 이용의향에 미치는 영향,” 한국광고홍보학보, 13(2), 342-376.

양혜승, 김진희, 서미혜(2012), “페이스북은 우리의 관계를 윤택하게 하는가?: 페이스북 이용자의 사회심리학적 동기, 이용행위, 사회적지지 인식의 관계 고찰,” 한국언론학보, 56(5), 270-297.

양희동, 최인영(2001), “사회적 영향이 정보시스템 수용에 미치는 영향-정보기술수용모형(Technology Acceptance Model)에서,” 경영정보학연구, 11(3), 165-184.

오미영, 정인숙(2013), 커뮤니케이션 핵심 이론, 커뮤니케이션북스.

오윤경(2012), “SNS 중독경향성과 외로움, 우울, 대인관계, 사회적지지의 관계,” 한국상담대학원대학교 석사학위청구논문.

오은해(2012), “소셜 미디어의 이용동기가 소셜 미디어의 상호작용과 사용자 만족에 미치는 영향에 관한 실증연구,” 경영연구, 27(1), 49- 74.

유영달(2005), “몰입감 모델(flow model)의 심리치료적 활용,” 한국심리학회지: 상담 및 심리치료, 17(1), 35-55.

유일, 최혁라(2008), “온라인 커뮤니티에서 사회적 영향이 플로우, 지각된 유용성, 이용의도에 미치는 영향: 싸이월드를 중심으로,” 정보시스템연구, 17(2), 113-135.

유재현, 박철(2010), “기술수용모델(Technology Acceptance Model) 연구에 대한 종합적 고찰”, *Entrue Journal of Information Technology,* 9(2), 31-50.

윤영미, 최명숙(2003), “고등학생의 일탈행동 영향요인 분석”, 아동간호학회지, 9(3), 323-331.

윤지영(2014), 오가닉 미디어, 21세기북스.

이수범, 김동우(2012), “소셜미디어의 정치적 이용이 유권자들의 정치 참여 의도에 미치는 영향 연구,” 홍보학 연구, 16(1), 78-111.

이수영, 내가영(2010), “마이크로 블로그 이용자의 능동성에 관한 탐색적 연구: 트위터와 미투데이 이용자의 생산적 활동을 중심으로”, 방송통신연구, 73, 171-200.

이명수, 박종희, 김도일(2001), “인터넷상에서 지각된 플로우와 실용적 가치가 구매의도에 미치는 영향에 관한 탐색적 연구”, 한국마케팅관리학회, 6(1), 61-84.

이방형, 한상린, 이성근, 이성훈(2013), “소셜미디어 이용동기의 차원 분석과 마케팅 시사점에 관한 탐색적 연구,” 마케팅연구, 28, 87- 108.

이상돈, 이수영, 김군주(2015), “소셜미디어와 사회적지지 경험: 페이스북의 게시글에 대한 타 이용자의 반응유형을 중심으로”, 정보통신정책연구, 22(1), 85-121.

이상호(2013), “소셜미디어 사용자의 중독에 관한 정책적 함의 연구: 한국형 SNS 중독지수(KSAI) 제안을 중심으로,” 디지털정책연구 11(1), 255-265.

이상호(2014), “소셜미디어 중독과 지속사용 의도에 관한 연구,” 디지털융복합연구, 12(1), 273-280.

이소희, 김승인, 김희연(2013), “모바일 메신저의 이용 동기, 상호작용, 사용자 몰입에 관한 연구,” 디지털디자인학연구, 13(1), 479-488.

이원태, 김춘식, 이나경(2010), “소셜미디어에서 온라인 정치담론의 특성”, 디지털 컨버전스 기반 미래연구(II), 정보통신정책연구원.

이윤형, 서준석, 백경은, 안수정, 정다래(2011), “외-내향성과 대인관계 수준, 이상적-현재적 자기개념의 갭이 SNS 사용에 미치는 영향,” 사회과학논총, 10, 140-149.

이재현(2013), 멀티미디어, 커뮤니케이션북스.

이정권, 최영(2015), “소셜미디어 이용 동기 연구”, 한국언론학보, 59(1), 115-148.

임아영(2010), 자기결정적 고독과 성격 및 심리적 건강의 관계, 서울대학교 석사학위청구논문.

임영진(2010), 성격강점과 긍정 심리치료가 행복에 미치는 영향, 서울대학교 박사학위청구논문.

임영진(2012), “성격강점과 정신적 웰빙의 관계,” 한국심리학회지: 임상, 31(3), 713-730.

장성화, 박영진(2010), “청소년의 자아정체감, 학교생활적응, 스트레스가 인터넷 중독에 미치는 영향,” 인문학논총, 15(2), 195-226.

장정무, 김종욱, 김태웅(2004), “무선인터넷서비스 수용의 영향요인 분석: 플로우 이론을 가미한 기술수용모델의 확장,” 경영정보학연구, 14(3), 93-120.

장훈(2001), 몰입경향과 심리적 적응지표의 관계에 관한 연구: 인터넷 활동 중심으로, 고려대학교 석사학위청구논문.

장훈, 한성열(2010), “몰입(flow) 기능의 재구성: 몰입과 행복 관계에 대한 타인맥락의 조절효과를 중심으로,” 한국심리학회지: 사회 및 성격, 24(4), 43-62.

정영수, 정철호(2007), “개인 커뮤니티의 지각된 특성이 만족 및 지속적 사용의도에 미치는 영향에 관한 연구,” 정보시스템연구, 16(3), 133-159.

정제우, 유명숙, 주효진, 조주연(2011), “소셜미디어 이용동기와 만족도에 관한 연구: 코레일 트위터를 중심으로,” 한국행정학회 하계학술대회, 1-20.

조경희, 김귀자(2012), “국내항공사 SNS의 특성, 고객 만족, 브랜드 충성도 간의 관계에 관한 연구,” 관광연구, 27(3), 357-374.

조성현, 서경현(2013), “SNS 중독경향성 관련 요인 탐색: 내현적 자기애, 자기제시 동기 및 소외감을 중심으로,” 한국심리학회지: 건강, 18(1), 239-250.

진고환, 정철호(2012), “기업의 경영성과 제고를 위한 SNS 활용방안 연구”, 한국지식정보기술학회 논문지, 7(4), 29-39.

진창현, 여현철(2011), “소셜미디어의 수용결정요인에 대한 연구,” 산업경제연구, 24(3), 1295-1321.

채영일, 이현수, 서영호(2004), “인터넷 디지털 상품의 특성요인 분석-온라인 커뮤니티의 고객수용성을 중심으로,” 품질경영학회지, 32(4), 15-29.

최도순(2012), “SNS 이용자의 이용동기가 만족도에 미치는 영향분석,” 지식서비스 & 컨설팅대학원 하계 학술세미나 발표논문집, 123-191.

최민재(2009), “소셜미디어의 확산과 미디어 콘텐츠에 대한 수용자 인식 연구,” 한국언론정보학회, 정기학술대회, 12, 5-31.

최 영, 박성현(2011), “소셜미디어 이용동기가 사회자본에 미치는 영향,” 한국방송학보, 25(2), 241-276.

최은정(2012), “SNS의 불이 꺼지고 있는가? : SNS의 지속 이용모형에 관한 연구,” 한국심리학회지: 소비자광고, 13(2), 229-253.

한국정보화진흥원(2012), 2012년 인터넷 중독 실태조사.

허동욱, 공다솜, 장예빛, 유승호(2013), “대학생 집단의 소셜 네트워크서비스(SNS) 사용과 온라인에서의 주관적 행복감에 관한 탐색적 연구,” 한국HCI학회, 1, 1072-1074.

홍세희(2000), “구조방정식 모형의 적합도 선정 기준과 그 근거,” 한국임상심리학회지: 임상, 19(1), 161-178.

황농문(2007), 몰입: 인생을 바꾸는 자기혁명, 랜덤하우스코리아.

황용석(2013), 온라인저널리즘, 커뮤니케이션북스.

황유선, 심홍진(2010), “트위터에서의 의견 지도력과 트위터 이용패턴,” 한국방송학보, 24(6), 365-404.

Adlai-Gail, W. (1994), *Exploring the autotelic personality,* Unpublished doctoral dissertation, University of Chicago.

Anandarajan, M., Igbaria, M., & Anakwe, U. P. (2002), IT acceptance in a less-developed country: A motivational factor perspective. *International Journal of Information Management*, 22(1), 47-65.

Aronson, E. (2008), *Social animal*, Worth Publishers.

Ajzen, I. (1991), The theory of planned behavior. *Organizational Behavior and Human Decision Processes*, 50, 179-211.

Ajzen, I., & Fishbein, M. (1980), *Understanding attitudes and predicting social behavior*, Englewood Cliffs, NJ: Prentice Hall.

Asch, S. (1951), “Effects of group pressure upon the modification and distortion of judgment”, In H. Guetzkow(Ed.), *Groups, leadership and men,* Pittsburgh, Pa.: Carnegie Press.

Baran, S. J. & Davis, D. K. (2003), *Mass communication theory,*(3rd ed.). Toronto: Wadsworth/Thomson. 202-217, 302-308, 320-322.

Bargh, J., & McKenna, K. (2004), The Internet and social life, *Annual Review of Psychology*, 55(1), 573-590.

Bentler, P. M. (1990), Comparative fit indices in structural models, *Psychological Bulletin*, 107, 238- 246.

Bercovici, J. (2010), “Who coined 'Social Media?' Web Pioneers Compete for Credit”, *Forbes*.

Blumler, J. G. (1979), The Role of Theory in Uses and Gratifications Studies,

Communication Research, 6(1), 9-36.

Bright, L. F., Kleiser, S. B., & Grau, S. L. (2015), "Too much Facebook? An exploratory examination of social media fatigue", *Computers In Human Behavior*, 44, 148-155.

Browne, M. W., & Cudeck, R. (1993), Alternative ways of assessing model fit. In K. A. Bollen, & J. S. Long (Eds.), *Testing structural equation models*(pp.136-162). Newbury Park, CA: Sage Publications.

Carli, M., Fave, A. D., & Massimini, F. (1988), The quality of experience in the flow channels: Comparison of Italian and U.S. students, In M. Csikszentmihalyi & I. Csikszentmihalyi (Eds), *Optimal experience: Psychologcal studies of flow in consciousness*(pp. 288-318). NY, US: Cambridge University Press.

Catone, J. (2008), http://readwrite.com/2008/02/08/visualizing_social_media_fatigue.

Chen, H., Wigand, R. T., & Nilan, M. S. (1999), Optimal experience of web activities, *Computers in Human Behavior*, 15(5), 585-608.

Cialdini, R. B. & Goldstein, N. J. (2004), "Social Influence: Compliance and Conformity", *Annual Review of Psychology*, 55, 591-621.

Csikszentmihalyi, M (1997), *Finding flow: The psychology of engagement with everyhday life,* New York :Brockman, Inc.

Csikszentmihalyi, M. (1997), "Play & Intrinsic Rewards", *Journal of Humanistic Psychology*, 15(3), 41-63.

Csikszentmihalyi, M., & Hunter, J. (2003), Happiness in everyday life: The uses of experience sampling, *Journal of happiness Studies*, 4, 185-199.

Diener, E. (1984), Subjective well-being, *Psychological Bulletin*, 95, 542-575.

Ellison, N. B., Steinfield, C., & Lampe, C. (2007), "The benefits of Facebook "Friends": Social capital and college students' use of online social network sites", *Journal of Computer Mediated Communication*, 12, 1143-1168.

Erikson, E. (1963), *Childhood and society*. NY: Norton.

Ferguson, D. A., & Perse, E. M. (2000), "The world wide web as a functional alternative to Television", *Journal of Broadcasting & Electronic Media*, 44(2), 155-174.

Festinger, L. (1954), "A theory of Social Comparison Processes", *Human Relations*, 7(2), 117-140.

Flores, S. (2014), Facehooked: *How Facebook affects our emotions, relationships, and lives*", Reputation Books.

Fishbein, M. & Ajzen, I. (1975), *Belief, Attitude, Intention, and Behavior: An introduction to theory and research*, Addison-Wesley.

Gilbert, D. (2009), *Stumbling on happiness*, New York, NY, US: Alfred A. Knopf.

Gulnar, B., Balci, S., & Cakir, V. (2010), "Motivations of Facebook, Youtube and Similar Websites Users," *bilig*, 54, 161-184.

Haggar, M., Chatzisarantis, N., & Harris, J. (2006), "From psychological need satisfaction to intentional behavior: Testing a motivational sequence in two behavioral contexts", *Personality and Social Psychology Bulletin*, 32, 131-148.

Jahoda, M. (1958), *Current concepts of positive mental health*. New York: Basic Books.

Karahanna, E. & Straub, D. (1999), "The Psychological Origins of Perceived Usefulness and Ease-to-Use", *Information & Management*, 35(4), 237-250.

Katz, E. (1959), "Mass communications research and the study of popular culture: An editorial note on a possible future for this journal", *Studies in Public Communication,* 2, 1-6.

Katz, E. (1973), Television as a horseless carriage, In G. Gerbner, et al. (Eds.), *Communications Technology and Social Policy*, New York: Wiley.

Katz, E., Blumler J. G., & M. Gurevitch (1974), Utilization of mass communication by the individual, In J. G. Blumler & E. Katz (Eds.), *The Uses of Mass Communication*(pp. 19-32). Beverly Hills, CA: Sage.

Katz, E., & Foulkes, D. (1962), "On the use of the mass media as "escape": Clarification of a Concept", *Public Opinion Q*, 26(3), 377-388.

Kaye, B. K. (2005), "It's a blog, blog, blog, blog world", *Atlantic Journal of Communication,* 13(2), 73-95.

Kelman, H. C. (1961), "Processes of Opinion Change", *Public Opinion Quarterly,* 25(1), 57-78.

Kietzmann, H., Hermkens, K., McCarthy, P., & Silvestre, B. S. (2011), "Social media? Get serious! Understanding the functional building blocks of social media", *Business Horizons*, 54(3), 241–251.

Kim, J., LaRose, R., & Peng, W.(2009), "Loneliness as the cause and the effect of problematic internet use: The relationship between internet use and psychological well-being", *Cyberpsychology & Behavior*, 12, 451-455.

Kim, J., & Lee, J. E. (2011), "The Facebook paths to happiness: Effects of the number of Facebook friends and self-presentation on subjective well-being. *Cyberpsychology", Behavior, and Social Networking*, 14(6), 359-364.

Kim, U., Shim, J., & Ahn, K. (2011), "Social networking service: Motivation, pleasure, and behavioral intention to use", *Journal of Computer Information System*, 51(4), 92-101.

Klapper, J. T. (1960), *The effects of mass communication*. Free Press.

Kline, R. B. (2005), *Principle and practice of structural equation modeling*(2nd ed.). New York: The Guilford Press.

McWilliams, N. (2011), *Psychoanalytic Diagnosis: Understanding Personality Structure in the Clinical Process*(2nd Ed), Guilford Press.

Milgram, S. (1963), "Behavioral study of obedience", *Journal of Abnormal and social Psychology, 67,* 371-378.

Mohr, J. J. & Sohi, R. S. (1995), "Communication Flows in Distribution Channels: Impact on Assessments of Communication Quality and Satisfaction", *Journal of Retailing*, 71(4), 393-416.

Moore, G. C. & Benbasat, I. (1991), "Development of an Instrument to Measure the Perceptions of Adopting an Information Technology Innovation", *Information System Research*, 2(3), 192-222.

Neumann, E. N. (1974), "The spiral of silence: A theory of public opinion", *Journal of Communication*, 24(2), 43-51.

Nielsenwire (2012), "*The Social Media Report 2012: Social Media Comes of Age*".

Nitzan, U., Shoshan, E., Lev-Ran, S., & Fennig, S. (2011), "Internet-related psychosis: A sign of the times", *The Israel Journal of Psychiatry and Related Sciences*, 48(3), 207-211.

Park, N., Peterson, C., & Seligman, M. E. P. (2004), "Character strengths and well-being", *Journal of Social and Clinical Psychology*, 23, 603-619.

Patall, E. A., Cooper, A., & Robinson, J. C. (2008), "The effects of choice on intrinsic motivation and related outcomes: A meta-analysis of research findings", *Psychological Bulletin*, 134(2), 270-300.

Peterson, C., & Seligman, M. E. P. (2004), *Character strengths and virtues: A handbook and classification*, New York: Oxford University Press/Washington, DC: American Psychological Association.

Quan-Haase, A., & Young, A, L. (2010), "Uses and gratifications of social media: A comparison of Facebook and instant messaging", *Bulletin of Science, Technology & Society,* 30(5), 350-361.

Rosen, L. D., Whaling, K., Rab, S., Carrier, L. M., & Cheever, N. A. (2013), "Is Facebook creating "iDisorders?: The link between clinical symptoms of psychiatric disorders and technology use, attitudes and anxiety", *Computers in Human Behavior*, 29(3), 1243-1254.

Ryan, R. M., & Deci, E. L. (2001), "Self-determination theory and the facilitation of intrinsic motivation, social development and well-being", *American Psychologist*, 55, 68-78.

Schramm, W. (1964), *Mass media and national development: The role of information in the developing countries*, Stanford University Press.

Seligman, M. E. P. (2002), *Authentic happiness: Using the new positive psychology to realize your potential for lasting fulfillment,* New York: Free Press.

Seligman, M. E. P. & Csikszentmihalyi, M. (2000), "Positive psychology: An introduction, *American Psychologist"*, 55(1), 5-14.

Social News Daily (2013), "Facebook Psychosis: *Social networking Will Literally Make You Crazy".*

Standage, T. (2015), *Writing on the Wall: Social Media-The First 2000 Years,* Bloomsbury USA, New York.

Taylor, D. G., Lewin, J. E., & Strutton, D. (2011), "Friends, fans, and followers: Do ads work on social networks?", *Journal of Advertising Research*, 51(1), 258-275.

Taylor, S. & Todd, P. (1995), "Understanding Information Technology Usage: A Test of Competing Models", *Information Systems Research,* 6(2), 144-176.

Turkle, S. (2011), *Alone together: Why we expect more from technology and less from each other.* Basic Books.

Venkatesh, V. & Davis, F. (2000), "A Theoretical Extension of the Technology Acceptance Model: Four Longitudinal Field Studies", *Management Science*, 46(2), 186-204.

Wells, A. (1988), "Self-esteem and optimal experience", In M. Csikszentmihalyi & I. Csikszentmihalyi (Eds), *Optimal experience*(pp. 327-341), NY, US: Cambridge University Press.

소셜미디어의 이용동기, 사회적 압력, 성격강점이 이용자 몰입과 행복에 미치는 영향

2016년 6월 11일 | 초판 인쇄
2016년 6월 13일 | 초판 발행

지 은 이 | 배지우
발 행 인 | 김은중
발 행 처 | 서울경제경영출판사
북디자인 | (주)우일미디어디지텍

주 소 | 03367 서울특별시 서대문구 신촌로 203 (대현동) 대현빌딩 6층
전 화 | 02)313-2682
팩 스 | 02)313-8860

등 록 | 1998년 1월 22일 제5-63호

ISBN 978-89-97937-50-9 93320 정가 12,000원